大都會文化
METROPOLITAN CULTURE

大都會文化
METROPOLITAN CULTURE

改變，
做對的事

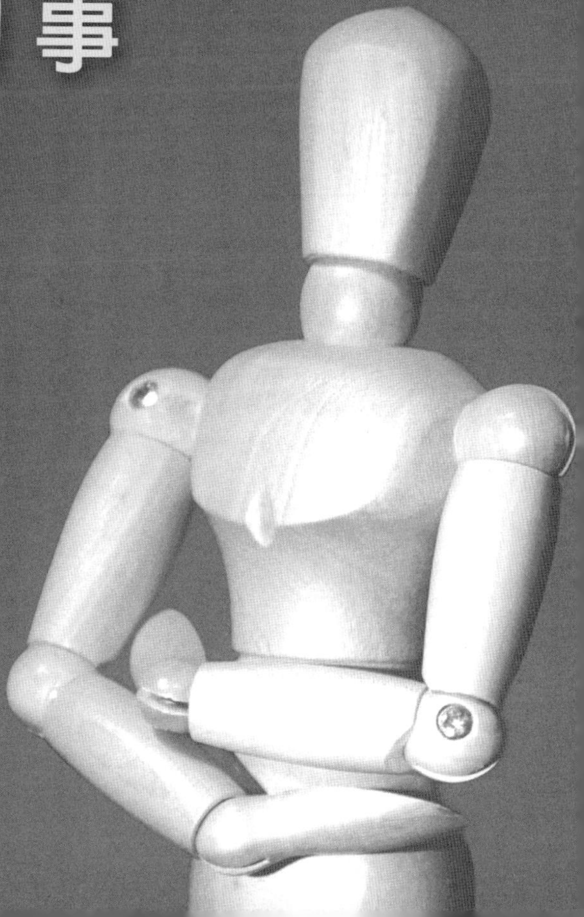

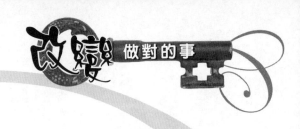

序

人生方與圓

為了過更理想的生活，我們都像陀螺般埋頭苦幹實幹，於是，不知不覺便陷在生活的泥淖裡。為了將工作做得更好，我們殫精竭慮、步步為營，於是，慢慢失去了生命中最純粹、最樸質的面貌。人生雖然沒有完美無缺的選擇，然而選擇抱持何種生活態度，卻在無形中左右著我們的人生。

本書承襲《心態》所述，並無意教導你遵循或仿效什麼準則，只是想提醒你：陀螺的人生是永無止境的陷阱，只要你肯適時地改變，變怯弱為無畏；變不幸為幸運；變失敗為成功；變貧窮為富有，向一切不滿意的事物挑戰，改變自己的命運和世界，就能改變你的人生境遇。

堅持是一種追求，改變是一種策略。人的一生中可以有所作為的機會只有一次，那就是現在。無止盡地悔恨過去或擔憂未來，已經浪費太多美好的時光。

這是一本想告訴那些既希冀成功又毫無頭緒的人們，如何更新自己的心態與價值觀的書。希望讀者在真正認真閱讀之後會發現：你所獲得的每一個腦筋的轉彎、每一個瞬間的頓悟、每一句智慧的點撥、每一份積極的態度，都將成為你人生的轉折點，並幫助你通過思考和領悟，盡快享受到成功的感覺。

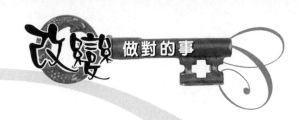

目錄

第二章　避免人為製造消極局面的途徑

第三章　從新的起點向上攀登

目錄

第一章

尋找穩健晉階的姿態和支點

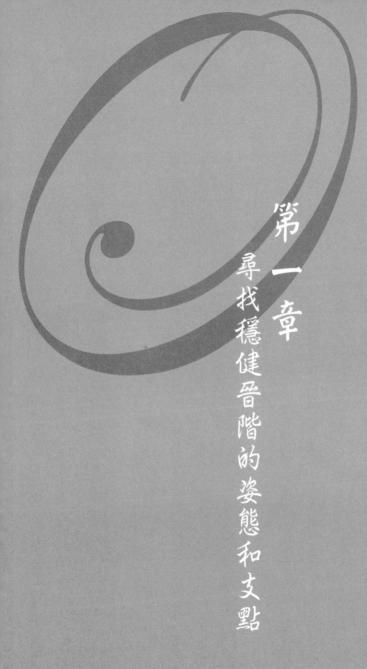

一、正視現實，找到屬於自己的人生階梯

人類創造了各種奇蹟，但是這些奇蹟卻讓人類陷入自己製造的麻煩而不能自拔。車輪是人類的第一個發明，從那之後，人類便以難以想像的能力創造了不可勝數的奇蹟。今天，我們已擁有一秒內可計算上億次的電腦；擁有可以把人類送上太空的太空梭；新發明的藥能挽救過去難逃一死的數千萬人的生命；通訊設備可以把發生在世界各個角落的事情展示在50億人的面前。

過去的許多夢想變成了真實，但是人類建立的行政運作制度，卻使原本簡單的工作耗費大量的時間和精力。人類製造了巨型噴射客機，能迅速飛越重洋，但在降落前，常常要在機場上空盤旋幾十分鐘。人們排隊等計程車，而計程車也排隊等乘客。

人就是這樣，有能力做大事，卻沒能力做小事；或者說，願意做大事，卻不願意做小事。

曾有一段時期，電影業是個獨霸的產業。有一天，在好萊塢的游泳池裡，一位電影業大亨嘴裡叼著雪茄，躺在橡皮艇上漂浮。過去幾週，他一直讓一位年邁的劇作家找不

到他，現在，他終於同意讓劇作家來游泳池見他。

當那位可憐的劇作家應邀抵達游泳池的時候，這位製片人正像一朵水百合一樣浮在游泳池中央，只要會游泳，任何人都能接近他。然而，這個製片人知道，他的老編劇不會游泳。

製片人的幾個助手在池邊小屋裡起哄、嘻笑。老編劇只好穿上一條借來的泳褲，像赴死般鼓足勇氣笨拙地涉水前進。他走向深水，直到水淹到他的下巴。但製片人雙手一划，橡皮艇又往水更深的地方移去。老編劇只好又向深水處走去。這時，泳池裡孩子們正愉快地戲水，漂亮的少女拍打著被陽光曬成褐色的肌膚。勇敢的編劇仍然往橡皮艇邁進，一邊冒著被水嗆到的危險，一邊費力地解釋著他的劇本爲什麼應該上演。有時，他整個人沈入水底，但只要一冒出頭來，就費力地開口。終於，他支撐不住了。

他沒有死，因爲池邊有救生員。他被拉到池邊小屋後，那位大人物的一名助手探身向前，用打火機點燃香煙，然後，像對聾子一樣，緩慢、大聲、一字一句地說：「他聽到你說的話了，現在你穿上衣服回去吧！」

也許，你想說，這只是一個杜撰的故事。但是我要告訴你，這是眞的。而且即使在

第一章 尋找穩健晉階的姿態和支點

今天，也不乏像製片人那樣高高在上的大亨，像老編劇那樣受制於人的「下等公民」。

人生活在組織之中，每個組織內部都有各種不同的職位，按等級劃分層次。每個人必然是屬於某一層次等級，只要你不是陶淵明，就不會甘於在現在的職位幹一輩子。當了處長，就會想當局長；晉升為副教授後，就想晉升為教授。正是這種想法，使得千千萬萬的人努力求上進，以求成為「高貴之士」。

雖然人總是努力的往階梯爬升，可是並非每個人都擁有無窮的能力！

實際上，世界上的各個行業，都有一些人不能勝任其所擔任的職位。這些不能勝任的人只能停滯不前，對工作敷衍搪塞，破壞整個組織的效能。

當然，你可以反駁說，並不是每個人都能爬到其能力所不逮的階層。

的確，如果每個人都無法勝任他的工作，組織就無法運轉。這表示任何組織裡，都有一批人沒有升遷到最高職位。他們擁有「最高的能力」，維持著組織的運轉，但這些人並不一定甘於淡泊，他們仍舊賣力工作，如果運氣好，他們也會升遷其能力所不逮的階層。如果這樣，組織就會像枯枝殘葉掩蓋綠地一樣，陷入無能、低效和前面所說的種種矛盾之中。

第一章
尋找穩健晉階的姿態和支點

再來看看下面一個故事。

穆特是一個手藝不凡的廚師，能夠做風味獨特的魚類美食，他在市中心開了一家小餐館。

這家餐館生意興隆。爲了贏得顧客的信任，穆特總是早上親自開門，晚上再親自送走最後一個顧客。

蒙蒂是小餐館的常客。有一次，爲了吃穆特做的魚雜燴，特地從郊區別墅跑來，想不到因爲交通擁擠，在穆特站在門邊送客的時候才走進來。「眞是太遺憾了，穆特，」蒙蒂說。「我改日再來吧！」

「沒關係，」穆特趕忙說。「我馬上替您上菜，只要您不介意您用餐時我們清理收拾就行了。」

蒙蒂很感激穆特。不久，他幫助穆特開了第二家魚羹餐館。於是，穆特不得不在兩家餐館之間奔走。

穆特不在的時候，餐館怎爲辦？他是不是該告訴廚師和侍者要像他那樣按照實際情況隨機應變？不，他沒有。結果，當蒙蒂在餐館打烊前光臨，就吃了閉門羹。久而久之，在穆特的餐館裡再也見不到蒙蒂的影子了。

現在，穆特又開了兩家新的魚羹餐館。他很得意，因爲他已從一個小老闆變成這些連鎖餐館的負責人。儘管他的許多老主顧如今已銷聲匿跡。

在現今的社會裡，很多人不想負責任，他們不願意讓別人知道自己的才能已經到了極限。可是，極限也是生命的一部分。雖然，你有自己的長處，但並非每個人都可以跳過兩米高，也並非每個人都能在一分鐘內打一一〇個字。

成熟的指標之一，便是知道自己能力的界限，而且對此感到心安理得。這並不是說我們不再尋求上進，不再拓展所長；而是我們應坦白面對自己，清楚自己應在必要的時候退下來，承認有些事情並非自己能力所及。

然而，要做到這一點非常困難。許多人奉獻畢生的精力，致力於追求高升、追求地位，到最後卻只是領悟到龐大的財富或顯赫的地位根本不能帶來幸福。

其實，人總是這樣，不懈地奮鬥，希望憑此獲得美好的東西，但結果常常是破壞既有的美好，甚至還陷入進退維谷的境地，那麼，雲梯就不再是一種工具或自我實現的手段，而是一種反噬其主的怪物了。

二、得到的未必是需要的

升遷幾乎沒有壞處。財富、權力和社會威望是幸福美滿的象徵，不過，一些人依靠他們的能力不斷追求所謂的高層階梯，最後反而作繭自縛。

大部分團體，如企業、軍隊等，主要由男人組成。而他們創造了一種神話——女人的天賦有限，不適合擔任主管。這種偏見不僅抑制了女人的升遷速度，也讓男人染上各種職業病，如嚴重的神經衰弱、腸胃炎、酒精中毒和胃潰瘍等。

今天，女人得到了平等的待遇，但不幸的是，因爲平等，她們也成爲上述疾病的犧牲者。

安妮的企圖心很強，而且精力旺盛，她認爲男人能做的事她也能做。

她在一家著名的電子公司擔任市場分析助理，這個職位是公司爲滿足她爭取平等就業機會的要求而給她的。雖然這個職位相當於一個哈佛畢業生來做文書工作，安妮還是愉快地接受了。對這一任命，安妮游刃有餘，不過做了幾天，她就要求上司准許她共同訪問客戶，出席會議。她堅決的態度，使得經理的名聲隨著這位市場分析助理的囂張而直墜。

安妮在女人被認爲應該保持緘默的時候滔滔不絕。她認爲男女平等，男人們應該時時意識到她的存在。短短一年，她就準備接替上司的職務，上司也準備讓位給她，其心情似乎比她更急切。

然而，市場部主管對安妮擔任市場分析經理這點沒有任何興趣。他請人告訴安妮，她不能獲得她希望的職務，因爲她是一個女人。

如果安妮是男人，事情就簡單得多，因爲男人會尊敬主管的權力，他也許會爭辯，但爭辯中會帶著敬意，但安妮卻不是這樣。她拉了一把椅子坐在主管桌前，一隻手臂放在桌上，身子向前傾，直盯著他的眼睛。他窘迫地舉出許多聽似有理的理由，說明爲什麼不能讓她當經理。她認眞地聽著，然後，用清晰的聲音告訴他：「我知道你必須這樣說，而且，你也應該這樣說。但現在，請告訴我，難道我眞的沒有希望得到它嗎？」

後來，她終於如願以償。

安妮當然沒有因此而滿足，她還想再高升。4年後，她得到市場部經理的職位，並且做得很出色。

第一章

尋找穩健晉階的姿態和支點

當安妮獲得她夢寐以求的副總裁職位時，她才發現那已非能力所及，但她不願認輸，只好勉力而爲，最後體力終於不勝負荷，臥病在床。

這也許就是現代人應該反省的現象之一。

你是否曾經懷疑，灰姑娘和富有魅力的王子眞的從此以後過著幸福快樂的生活嗎？如果是，那麼有個更理性的推測：他們也許是痛苦地生活在一起。

那位可敬的神仙教母，把灰姑娘從貧寒卑微變爲高貴富有，使她贏得年輕王子的青睞，但是灰姑娘並沒有永久擁有王子的能力。王子可能不再覺得她有趣，儘管他曾對她著迷。然後，不幸的灰姑娘，在皇宮裡的社交圈並沒有因爲她和皇室結婚而擴大，她很快就失去了皇室成員和朋友們對她的關心，陷入了不堪回首的惡夢中。

試想，要是她和一個英俊的年輕樵夫結婚，結果又將怎樣？

因此，可以推斷，憑藉婚姻在社會上往上爬升，不論是有意或無意，也不論是過去和現在，也許都是一種災難。

凱西・考德是一個金髮碧眼、美麗非凡的尤物，她得到一筆現代舞蹈獎學金，到某知名州立大學進修。雖然她出身微賤，但是以美貌當上學校女生聯誼會主席。她對學校裡的橄欖球員賣弄風情，隨後卻發現她從聯誼會的豪門千金們那裡學來的本事還不夠老練。後來，當她遇到學校辯論隊隊長柯達史時，立刻打得火熱，以身相許。

然而，成爲柯太太後卻發現，光憑美貌並不能使她那學識豐富、練達世故的丈夫感到滿足。他不再喜歡她幼稚的傻笑，更厭惡她揮霍無度的行爲。同樣的，凱西也無法適應柯達史的生活方式，而以勾搭隔壁的花匠爲樂。

歐亦爾夫婦過著並不奢侈但很快樂的生活，他們在一幢老式公寓裡住了十多年。後來，歐亦爾太太從法國的姑媽那裡繼承了幾幅名畫，她決定用這些畫來裝飾客廳，以便向鄰居炫耀。但她很快就發現，這些畫和寒酸的家很不相稱。於是，她買了一塊名貴的地毯，並傾其積蓄，買了一套精緻的家具，以襯托地毯和名畫。

不料，昔日交情甚篤的鄰居在拜訪了這個佈置優雅的房子之後，開始感到不安。他們討厭歐亦爾太太的虛榮，不再接受她的邀請。同樣，歐亦爾太太也討厭這些對生活中美好東西沒有鑑賞力的朋友。

她告訴丈夫：「這些鄰居對有教養的人來說，知識程度太低了！」後來他們搬到市中心的一幢豪華公寓裡。這迫使歐亦爾先生須經常加班，否則將入不敷出。結果，他爲此精疲力竭，歐亦爾太太也鄙視他，覺得自己當初有沒愼選另一半。她和他離婚，琵琶別抱，和一位藝術家艾培斯再結「良緣」。

不過，艾培斯不久就對她那「高尚的教養」感到厭煩。事實上，她對藝術根本一無所知。他開始虐待她，如同她以前辱罵前夫一樣。艾培斯太太非常悲傷，她從自己創造的階梯爬了上去，卻是從幸福爬到了痛苦。

奧脫是汽車修理公司的技工，他對工作很滿意，也做得很出色。當他得到晉升部門經理的機會時，很想回絕。但他的太太溫妮——當地婦女地位改進會的活躍分子，勸他不要放過這個難得的機會。因爲這樣一來，家庭的社會地位和經濟情況將大爲改善，她也可以擔任改進會的理事長。

奧脫並不想做枯燥的文書工作，但是在太太喋喋不休的折磨下，他屈服了。6個月後他得了胃潰瘍，不僅如此，溫妮還指責他和秘書有曖昧關係，使她失去當選改進會理事長的機會。從此，他們家不再有笑臉。

人們曾經認爲，升遷幾乎沒有壞處，財富、權力和社會威望是幸福美滿的象徵，而且成爲上流社會的一分子，以及與一個名人結婚是好事。

如今，在世界各地的離婚法庭上，擠滿了無力維持婚姻關係的夫婦，這是紅男綠女們爬上非他們能力所能保持平衡的高層階梯的後果。

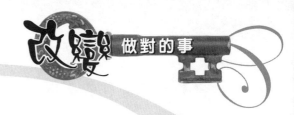

三、改變自己，適應社會

不斷自我調節，就能適應社會。

事業有成的人，大多能夠比別人先察覺外界的變化，順應社會改變，並巧妙地將之轉為商機。商機和成功機會在外界形勢有變化時最容易顯現，所以比別人早一步注意到這種變化且付諸行動者，就是最大的贏家。

蒸汽機、電的發明等等，無一不是根據時代發展、社會需要，經過不斷實驗而取得的。只有跟隨市場變化，企業才能生存；能預見社會市場變化，及時掌握時機，更是一個人走向成功的關鍵。

李嘉誠就是一個不斷順應社會發展變化，進行自我調節而成功的例子。

順應社會，隨時轉變想法，從內容上來劃分，可分為目標、知識結構和情感的調整。

首先，調整目標。根據變化的情況和條件，及時調整自己的具體目標和方向，以求得主觀與客觀的協調。

其次，調整知識結構。根據社會發展變化，不斷調整自己的知識結構。人類知識的總量，每隔7至10年就要翻新。一勞永逸的想法是不切實際的，不管你有多豐富的知識，還是不夠，必須持續吸收新知，「活到老學到老」。

最後，調整情感。調整情感的主要內容在於，主動培養、維護及發展積極的情感。也就是要培養積極樂觀的態度，克制消極的想法，適時轉換負面的情緒，發揮自身的潛力，讓自己在任何情況下都能以最佳的心理狀態做好工作。

另外，從類型上來劃分，可分為常態、順境和逆境的調整。

首先，常態的調整。其關鍵在於戰勝「馬太效應」。所謂「馬太效應」，指的是人才成長過程遇到的社會慣性，即有聲譽的人才所獲得的榮譽越來越多，而潛在人才的勞動成果則難以得到承認。戰勝「馬太效應」的方法是累積優勢。

其次，順境的調整。其關鍵在於避免驕傲自滿、粗心大意、不求上進，保持謙遜、細心、進取。契訶夫說：「對自己不滿是任何眞正有才能的人根本特徵之一。」

最後，逆境的調整。其關鍵在於堅定意志，培養信心。文學批評家別林斯基說：

第一章

尋找穩健晉階的姿態和支點

「不幸是一所最好的大學。」

在這裡還要強調兩個重點：

一是加強自我預測。要學習、掌握必要的知識，明辨是非標準，重視自我的觀察與自身的行爲。接著，預測事情的發展，對自我進行「預防性」控制，避免放「馬後炮」。

二是注意自制的程度，凡事過猶不及。粗心大意，無法解決問題；太過謹慎，容易畏首畏尾。謹小愼微或一味忍讓，都難以達成目標。

四、改變就業觀念，找到理想的工作

1、認清就業趨勢，轉變求職觀念

每個人生活在社會中，都需要工作，並藉此在社會中找到自己的定位，維持基本的生存條件；然後，才能夠朝未來發展，實現理想。沒有工作，一切都是空想。

台灣加入世貿後，各種產業面臨重大的調整，有更多的外國人進來，也有更多的國人出去，台灣經濟大幅融入國際經濟的潮流，很多人因爲故步自封而被社會淘汰，每年有大量的新生勞動力進入市場。在這種形勢下，你我該如何謀得理想的工作？到哪裡去找自己的飯碗呢？

有些人在找工作，有些人則因爲職業調整，被迫離職。求職是每個人都會面臨的課題。堅守崗位或跳槽，都是痛苦的事情。很多人面臨轉職的危機，不得不競爭某些職位，生存的條件備受威脅。多數人很難接受改變，習慣過去的鐵飯碗觀念，一旦鐵飯碗打破，就不知所措，陷入痛苦的深淵，甚至出現心理障礙，導致精神分裂或身體疾病。這時，就需要調整自己的思想觀念，改變想法，適應社會發展的變化。

那麼，爲了避免遇到這些問題，應該怎麼做呢？

首先，你不必過分憂慮，社會總是會給每個人提供相應的工作。台灣加入世貿組織後，經濟發展迅速，人才需求量劇增，人們可以選擇的職業種類越來越多。你準備以什麼爲業？你準備吃哪碗飯？或者你現在已有工作，但想正面臨轉職的窘境呢？

其次，改變求職觀念。不要一心想找鐵飯碗，不要只想在公家機關任職，只要是自己可以做的，就是適合的職業。台灣加入世貿組織以後，市場經濟越來越完善，外商和民間企業的發展性也越來越強。在這種情況下，人們選擇職業時，就不會再一味地偏好外商，而會根據自己的需要和能力，選擇適合的工作。

據經濟學家預測，二十一世紀將不再是大企業獨霸的時代，許多中小型企業反而能夠更靈活、更快速地創造利潤。因此，大企業將不再是求職者唯一的選擇。換言之，我們沒必要悲觀或擔心失業。

再者，你要積極充實自己，培養自己的專長，做好就業準備。你必須付出一定的努力，才能得到想要的工作，而只有接受新知識、新技術、新觀念，走出過去的生活模式，才能迎接新的挑戰。如果你對新科技一無所知，你就會在未來社會裡感到束手無策，甚至迷茫和失落，高技術資訊時代對於你來說，就會變得毫無意義。以這樣的狀態去選擇或從事某種未來的熱門行業，多半會以失敗告終。

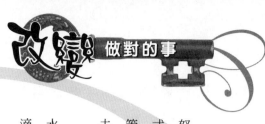

如果你經常投資自己，吸收當代科技知識，熟練新的技術，就可以在社會中如魚得水，左右逢源，同時找到適合自己的飯碗。從現在做起，有意識地把自己培養成一個能適應未來的人才，就能滿懷信心地步入職場，贏得職場競爭的最後勝利。

最後，實事求是地評價自己，你到底適合從事哪種職業。強求高科技產業、熱門或高薪職業，都是自己跟自己過不去。

工作最基本的條件就是要讓自己賺到必要的錢，維持生存。理解這一點，那麼只要是能賺到錢的工作，不論是清潔人員，還是蔬菜的中盤商，或者是當保姆，都是一種正當的職業。有了這個觀念，自然就能適應社會的發展變化，走出痛苦的陰影，重新開始新的生活。

2、時時修正態度，找到適合自己的職業

人生在世，無論是求生存還是謀發展，都必須工作。求職與每個人的人生道路有密切的關係。每個人都希望找到一份好工作，對於社會新鮮人來說，更是重要和急迫。很多人在年輕時，對工作都有憧憬，例如有人想當導演，有人想經商，有人想當明星，有人想進入政界。

如果將人生比喻爲一場戲，那麼職場就是其中第二個重要的舞台。你選擇何種職業，確立了你的社會角色，乃至人生角色。能否演好人生這場戲，職業的選擇相當重要。

有一位大學生，大學畢業時放棄進公家機關工作的機會，毅然來到一家廣告公司。5年後，他成爲一名出色的廣告企劃，並根據自己的經驗，出了幾本書，令當年進公家機關的同學羨慕不已。問起他當年的選擇時，他很乾脆地說：「因爲我知道廣告企劃早晚會變成熱門的行業。」

什麼樣的工作適合自己呢？沒有一定的標準，每個人追求的都不一樣，這和你的人

生抱負與期望有密切的關係。首先，能滿足基本生活需要；其次，要能實現人生夢想。你想成爲什麼樣的人，那麼，能使你朝著這方面發展的工作，就是適合你的職業。以下是一位大學畢業生暢談自己在職業生涯中如何認識自己、發現自己，調整心態，最終找到適合自己發展的職業的心路歷程。

「大學畢業後，我進入一家大企業工作。人事部長徵求我的意見，想安排適當的職位給我。因爲我學的是中文，而公司這類人才早已飽和，幾個能夠選擇的部門，都是不受重視的。沒想到自己竟然會淪落到這種地步，心情跌落谷底。在校時，腦海裡盡是當記者、名作家的夢想，現在卻變成公司可有可無的人，簡直窩囊至極。人事部長見我對幾個「閒缺」不滿意，感到非常不耐煩。最後，我還是選了一個「閒缺」做，然而，「懷才不遇」的孤傲性格，使我常常和上司發生衝突，導致自己四面受敵。

那種寂寞與落魄的日子很不好過，我總是獨坐辦公室，抽著一支又一支的煙，打發苦悶的時光。

那時，我不明白，自己之所以失敗，是因爲自視過高，還是太幼稚。我只是埋怨社會對自己不公，把自己折磨得很痛苦。後來，我體會到：人不能把自己看得太高，不能

第一章 尋找穩健晉階的姿態和支點

把理想當做現實。從理想的境界跌到現實中，這差距容易使人爲生失落感。期望越高，摔得越重。這種失落感會使人鬱鬱寡歡，以至心理產生偏差，如果再以偏差的心理看待人事物，就會使自己陷入惡性循環的尷尬境地。

反之，人受挫折後，容易把自己看得太低。公司倒閉後，我失業了，沒有再找工作，於是開始寫作謀生。等到完全靠稿費生活時，我才體會到這個行業的艱難。微薄的稿費，很難滿足基本開銷。除了寫作，我還會做什爲呢？只會寫作，卻養不起自己。古人有句話說：「百無一用是書生。」我能夠跳出這個窠臼嗎？抽煙、酗酒，所幸我很快意識到自己的墮落，同時發現墮落的原因是把自己看得太低。人若輕視自己，就容易喪失理想和鬥志。

經歷了自視過高與輕視自己兩個極端後，隨著年齡的增長，我漸漸認清了事實：我就是我，一個在自由撰稿中謀生的我。我必須努力做好目前的事情，既不妄想也不沮喪，並且要時時保持旺盛的鬥志。

現在，我看愛看的書，寫想寫的文章，做喜歡做的事。生活雖然簡單，但很充實，每一天的太陽讓我感覺新鮮，我熱愛每一天的生活。我覺得這種生活其實很不錯！」

一個人只要正確認識自己，就會調整觀念，對接踵而來的各種處境泰然處之，而且知道自己的出路，擺脫迷茫，信心百倍地面對生活。

五、改變工作態度，化解工作壓力

你是否討厭目前的工作，無法從工作中得到樂趣，工作也毫無創造性可言呢？但你要記住，這並不是老闆或主管的錯。

老闆沒有逼你來他的公司上班，主管也沒有強迫你在他的底下做事。當初，是你主動應聘到這裡；或者，是靠關係才好不容易擠進這家公司。你的歷史，是你自己寫成的。

老闆待你很刻薄，主管根本就沒把你當人才來看。那麼，你就炒他們的魷魚好啦！如果你不想炒他們魷魚，就說明他們可能還沒你說得那麼可怕。需要調整的，應該是你自己的心態。

無論你目前從事什麼工作，無論你是老闆或員工，醫生或護士，律師或秘書，教師或學生，你都要想辦法樂於工作、熱愛工作。那麼，原本厭煩的事，只要心態變了，做起來就會感到愉快。況且，心情愉快的工作，有助於全心投入，而本來你覺得乏味的事

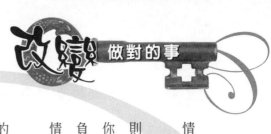

情也會變得有趣。這就是工作的本質所在。

爲何要熱愛工作？你領人家的薪水，就得替人家把事情做好，這是做人最基本的原則，也是良心與道德的問題。如果你不好好做事，還要從公司領薪水，如果你是老闆，你做何感想？再從自己的角度想一想，如果你想成功，就應該把工作當成自己的事業，負有一種使命感。你可能會說你的志向遠大，想做一番大事業，而不是做這些瑣碎的事情。但如果你連這些瑣碎的事都做不好，怎麼可能成就大事業呢？

很多涉世未深的年輕人都會這麼認爲：我辛苦工作，賺錢的卻是老闆。這是正常的，老闆聘用你，就是要你替他工作，如果你不願意，他可以另外找人。老闆不賺錢，你還能賺錢嗎？如果你工作時沒有愛而只有厭惡，那麼你最好離開工作，去寺廟門旁坐下，接受那些快樂工作的人的施捨吧！

偶然遇到一位多年不見的同學，他看起來精神抖擻，與大學時期消極頹廢冷漠的他相比，簡直判若兩人。進入社會工作十多年的他，雖然還沒有取得驚天動地的成績，但在他的領域，可以算是一個成功者。最讓人意外的是，他對人生、工作的那種積極態度。

第一章

尋找穩健晉階的姿態和支點

「一切都緣於一場病！」他說。

以下就是他敘述關於自己的故事。

「大一時，我偶然看到『工作者是美麗的』這句名言，覺得很可笑：從早到晚不停地工作，有何美麗可言？由此推測，講這種話的人，一定與我們那位嘮叨的教官一樣古板，喜歡說些不中聽的話。

大學畢業後，整天忙著工作，難得的禮拜天，還要整理家務，一年到頭，似乎沒有閒暇的時候。

有一年夏天，身體健壯的我突然患了過敏性疾病，在醫院裡整整躺了三個月，幾乎與死亡擦肩而過。

那三個月我沒有做任何工作，也不能做任何工作，只是躺在醫院的病床上想著這折磨人的疾病。我經常注視著窗外那棵健壯、茂盛的梧桐樹，突然間覺得人的生命竟如此脆弱，原本健康的身體，在疾病與死亡面前顯得如此無助與無奈。

某天傍晚，我從病房的窗口望出去，路上有下班的人匆匆走過。一天工作下來，他們的臉上掛著疲憊，但人群中卻不時傳來笑語喧嘩。

剎時間，我突然嫉妒起那群人，下意識地迸出了那句話：『工作者是美麗的！』

也就是這時候，我突然想起已進入耄耋之年的父親，一年到頭從不見他閒著。我們幾個兒女勸他說，做了一輩子，好不容易退休，也該享享清福了。

一聽這話，沒讀過多少書的老爸便搖搖大手，說：『只要我還能動，就是我的福氣，也是你們做兒女的福氣。』

老爸肯定沒讀過，甚至沒聽過『工作者是美麗的』這句話，可是他那樸實的思想，竟然與這句話不謀而合。

我心想，我們之所以覺得工作煩人、累人，是因爲我們還能工作。等到眞的不能工作，只能躺在床上時，就知道那句話背後的深意了。

『所以，』這位老同學最後說，『年輕體壯的時候，生病會讓我們學習到要珍惜生命的每一分鐘、每一個工作日。只是那病千萬可別要了命！』」

那場病，對這位同學來說，可能只是偶然，卻改變了他的人生、他對工作的態度。從某種意義上來說，那場生理上的疾病，治療了他心理上的疾病，使他眞正認識「工作者是美麗的」這簡單卻又深刻的人生道理。

第一章
尋找穩健晉階的姿態和支點

對我們每個人來說，不需要等到大病一次之後再調整自己對工作的態度。從你工作的那一天開始，就要對自己說：工作是美麗的，生活是美麗的，生命是美麗的。

六、熱忱是化解壓力的良藥

近年來，經常有很多人抱怨對工作缺乏幹勁和熱情，這種負面的情緒，對任何一個渴望成功的人來說，是一大致命傷。這種情緒多半是工作壓力造成的，是對壓力的一種消極態度。

一個人的工作態度反映你的人生態度，而人生態度則決定你一生的工作成就。

一個對工作熱忱、積極的人，無論他目前是在建築工地的工人，或是大企業的老闆，都會認爲自己的工作是神聖的天職，並懷抱熱情。對自己的工作熱忱的人，不論遇到多少困難，或者需要多少努力，都會用不急不躁的態度去面對。只要抱持這種態度，一定可以達到你設定的人生的目標。

某家職業介紹所的工作人員曾經說過：「我們分析應徵者是否適合某項工作時，通常會考慮他對工作的態度。認爲目前工作很重要的人，特別讓人印象深刻。」

「爲什麼呢?道理很簡單，如果他認爲現在的工作很重要，那麼他對下個工作也會抱著『我以工作成就爲榮』的態度。我們發現，一個人的工作態度與他的工作效率具有密切的關係。」

就像人的儀表一樣，工作態度會反映出內心世界，以及價值取向。

也就是說，如果你認爲你怎樣就怎樣，對工作沒有熱情，表現得很消極，那你就不可能在工作上取得任何成就；如果你認爲你很不重要、能力不足或一定會失敗，那麼，這些想法註定你會平庸地度過一輩子。反之，如果你認爲自己很重要，能力很強，是一流的人才，自己的工作也是不可或缺的，那麼，你很快就會邁向成功之路。人們常說，熱忱是最好的老師。其實，熱忱並不會教給你什麼，但是熱忱卻展現了你的學習態度。在這種態度下，你可以學到許多東西。

學習如此，人生也是如此。所以，曾有人說過這麼一句話：「當一個人的態度明確時，他的各種才能就會發揮最大的效用，產生良好的效果。」

態度不同，結果也不同。一個學習態度正確的學生，他的成績往往會名列前茅。一個態度正確的推銷員，可以打破推銷記錄。當然，正確的態度也可以使你的婚姻美滿，同時在與別人的來往中發揮影響力，使你成爲領導人物，進而在各方面都有傑出的表現。

對於工作，我們首先應培養的就是對工作熱忱。很難想像，一個對自己所從事的工作沒有絲毫熱情的人，能在自己的崗位做出一番轟轟烈烈的事業。同樣的，對於自己目前正在做的某件事情沒有熱情的人，更不可能把這件事情做好。因此，一個對工作沒有熱忱的人，永遠不會覺得快樂；相反的，熱愛工作的人就會在工作中獲得快樂。

其實，態度不是什麼高深的東西，只是所謂的「從事這項工作是很了不起的」的那股熱情和幹勁而已。態度在成功的所有因素中是比較容易培養的，因爲它所需要的就是熱忱。那麼，如何調整我們熱愛工作的態度呢？不妨從以下幾方面做起：

第一，深入瞭解工作中的每個問題。我們對許多事情、許多問題不熱衷，不表示我們對它不關心，而是我們對此不瞭解。想要對某件事情熱衷，要先學習更多你目前尚不熱衷的事，瞭解得越多，越容易培養興趣，一旦有了興趣，你就會對這個工作熱心起來。所以，如果你下次不得不做某件事情時，一定要應用「深入瞭解」這個原則；發現自己對某件事物不耐煩時，也要想到這個原則。只有進一步瞭解事物的眞相，才能產生興趣，在工作中做出一番成績。

第二，做任何事情都要有熱忱。實際生活和工作中，你有沒有興趣，可以從行爲表現看出來。例如，我們與人見面，握手時應緊緊握住對方的手，說「很榮幸認識你」，或者「我很高興再見到你」。這種言語以及肢體語言所傳遞出來的訊息，表達了你的眞摯和誠懇，並非應付了事。你如果畏畏縮縮、有氣無力地與別人握手，效果可能還不如不握。因爲你的這種行爲，只會給人一種精神萎靡的不良印象。可以想像，這樣一個人要在工作上做出成績、取得人生的成功，實際上是不可能的。

第三，在生活和工作中，多散播好消息。現實生活中，傳遞壞消息的人遠多於傳遞好消息的人，正所謂「好事不出門，壞事傳千里」。但是，散佈壞消息的人很難得到朋友的歡心，而且往往一事無成。經常傳遞好消息，反而能夠博得他人的好感。

我們可能曾在不同的場合遇到這樣的情形。某人說：「我有一個好消息要告訴大家。」這時，所有的人就會停下手中的工作，等他說出來。他所說的消息不一定對每個人都那麼好，甚至不重要。重要的是，你除了引起人們注意之外，還可以引起別人對你的好感，認爲你是願意和朋友分享快樂的人，進而引起大家的熱情與幹勁。

每天回家時盡量與家人分享好消息，告訴他們今天有哪些好消息，討論一些有趣的、有益的事情，最好把不愉快的事情拋在腦後。

工作中，把好消息告訴同事，多多鼓勵他們，在每一個可能的場合都要誇獎他們，同時把公司中發生的好事告訴他們，分享快樂。

一個人熱愛工作與否，反映出他是否能擔負重大的責任，或者能否成功。

七、來一個由弱變強的大轉變

把自己最弱的部分轉化為最強的優勢，這點很重要，請牢牢記住這句話。

格蘭恩・卡寧漢從小雙腿就因燒傷無法走路，但是他卻成為奧運史上長跑最快的選手之一。

他的故事告訴我們，一個運動員的成功，85%靠的是信心和積極的思想。換句話說，你要堅信自己可以達到目標。他說：「你必須在生理、心理與精神這三個不同的層次上去努力。其中精神層次最能幫助你，我不相信天下有辦不到的事。」

積極的心態能使一個人將自己的弱點轉為最強的優勢。這種轉化的過程有點類似焊接金屬，如果有一片金屬破裂，經過焊接後，反而會比原來的更堅固。這是因為高度熱力使金屬分子結構更為嚴密的緣故。

如何將弱點轉化為優點呢？建議採取下列六個步驟。

(1)孤立弱點，將它研究透徹，然後想辦法克服。

(2)詳細列出你期望達到的目標。
(3)想像自己由弱勢變成強勢的景象。
(4)立即開始成為你希望的強人。
(5)在你的最弱之處，採取最強的步驟。
(6)請求他人的幫助，相信他們會這樣做的。

這套公式是由最具積極心態的人H.C.馬特恩所設計，他本人就是將弱點轉爲優勢的最好例子。

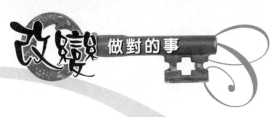

卡樂拉曾是一個很消極的人，多年前的一個晚上，他來到長島的一處草地上，計劃在那裡自殺。生命對他已無任何意義可言，生活中已無任何希望。他隨身帶了一瓶毒藥，一口喝盡，躺在那兒等死。

第二天，他睜開眼睛，看到月光皎潔的夜空，十分驚訝。他認爲自己已經死了，他想不通爲什麼會沒有死。他認爲，這是上帝的意思。上帝希望他活下來，因爲另有任務給他。當他知道自己仍然活著時，突然有了繼續生存的渴望。他感謝上帝的恩賜，讓他活下去，並且下定決心，一定要活下去，並以幫助他人爲己任。

結果，卡樂拉變成一個樂觀、積極的人，他把幫助他人當作自己的使命。

你想克服的弱點是什麼？傷感、失望、恐懼、生氣、沮喪、酗酒，還是女人？無論是什麼，它絕對不能永遠打敗你。記住這個事實，你就可以將最脆弱的部分轉爲最強的優勢。

任何人只要願意控制自己的弱點，接受積極的想法，就能把弱點轉爲優勢。信仰可以改變人的生活，新思想可以把舊的壞思想排擠出去。只要有意識地改變自己，就能達到目的。「心的變化」指的就是想法的改變。

自我貶低容易使人自卑、自棄。心理學家表示，爲什麼許多人會深陷於自卑情緒而感到痛苦呢？人類性格中最常見的弱點之一便是他們「不想要成功」。沿著這條思路發展下去，他們認爲成功是一件危險的事，因爲要保持成功，必須付出更多的代價。所以，他們故意或者無意地強調自己的弱點，顯示出不如他人的樣子。

每個人的性格中都有優點和弱點。問題在於，你所強調的是自己的優點還是弱點？

你靠什麼生存下去？如果著重弱點，你將會愈來愈弱；如果你強調的是優點，你將會愈來愈堅強和有自信。

克服弱點的第一步是學習如何接受自我。我們不能將自己的弱點與自我想像的弱點混爲一談。大多數有自卑感的人，總是把注意的焦點放在自己身上，也就是將目光放在弱點上。對不重要的事也以自我爲中心來考慮，以爲每個人都在注意這些事，其實並不是如此。

有一些人以自己性格上的弱點爲焦點，自認爲這就是缺點，然後又費盡心機證明「因爲這個弱點，所以不能成功」。要解決這個問題，就必須先瞭解，我們每個人都能成功、快樂和堅強。所以你必須決定，你打算要突出哪一方面，這一決定權在你。一旦你選擇突出自己的長處和優點，自卑感便會消失，一種強而有力的能力便會取代你的缺陷及弱點。

另一種普遍的缺點便是氣餒，介於成功與失敗之間的是氣餒。如果你能多堅持一下，多努力一下，結果可能完全不同。但是氣餒常會使你在快要達到目標時放棄，如果再多堅持一下，便可以獲得成功。

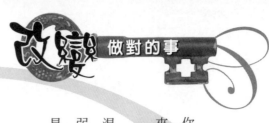

第一章 尋找穩健晉階的姿態和支點

積極心態能使人轉敗爲勝，將弱點轉化爲力量。使人轉弱爲強最有效的方法是，在人生中建立積極的信仰。這種事例不勝枚舉，每天都有越來越多人轉弱爲強。

我們討論了許多運用積極思考轉弱爲強的事例，我們也注意到憤怒、自卑、氣餒心理的失敗。不論是什麼，這些原則都可以運用到任何弱點上。

事實上，生命可以變得更堅強、更快樂。當我們仔細研讀並應用各項原則後，內心便會有重大的突破。堅強的信仰、深刻的理解和無畏的奉獻，將會爲你開啓另一扇人生之門。你不僅會精力充沛，可以應付各種問題，還有足夠的餘力和遠見，對許多人產生創造性的影響。

不會再有失敗，不會再有挫折，不會再有絕望，人生也不會在瞬間變成輕鬆或浮華。人生是眞實永恆的，有各種問題存在，以積極的心態去思考、去行動，就不會再被任何難題所控制、阻撓。積極心態具有驚人的效果。

第二章

避免人為製造消極局面的途徑

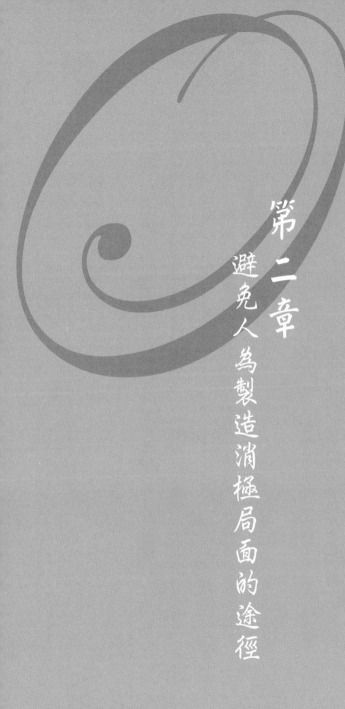

一、改變壞習慣

每個人都有好的、壞的習慣，該如何改掉壞習慣並建立好習慣呢？

信念並非由某一個單一的動作就能爲生或維持，須靠經常性的行動去強化。例如，一個常嫉妒的人一定是習慣一再地爲生嫉妒心理，而自信的人則經常做深具信心的選擇，加強其自信。只要我們重複做相同的動作，而其動機不管是嫉妒心、自信心或其他，皆在我們心中被加強了。而你的每個感覺、每種態度或想法，都會被你經常習慣性的選擇保留下來，而且更加強。

日常生活裡經常可以見到這類例子。例如，史當自知害怕別人對他提出批評，於是他找出自己那些逃避批評的行爲，然後改掉它。又如，法蘭克瞭解自己沒有果斷力，就得找出形成這種個性的原因，然後逐步解決。

這是一種解決特殊問題的好方法。先知道情況，然後找出造成這個習慣的行爲。不過，我們也可以用相反的辦法：先找出一個已知的習慣，然後利用它來尋求個人的實際狀況。

第二章 避免人為製造消極局面的途徑

在你完全瞭解並運用這個方法之前，要先知道習慣到底是什麼？

習慣是長時間逐漸養成的，是不容易改變的行爲、傾向或社會風尚。就個人而言，習慣有很多種，如抽煙、咬指甲、飯前喝杯酒、週末晚上看電視等。而每種習慣都有個共通性：都是自動的、人爲的，是你創造了它們，沒有它們，你就活不下去。但睡覺和呼吸不是習慣，是生理上的需要，即使你不去做，它們也不會消失。

如果個人沒有其特有的習慣，就不足以成爲人了。事實上，要生活下去就需要有一些習慣。例如，沒人每天會用不同的方式刷牙，而寧願把心思用在更有益的地方，這點也是許多專家公認的習慣的好處。這個習慣可以讓你把頭腦用在其他事情上，你每天早晨起床後，不必再想我今天到底要做什麼以及如何去做。你會循著某個規律的習慣，從一個地方走到另一個地方，如早上起來，吃完早飯，然後去工作。如果你沒有這類習慣的話，你每天都得耗費心力做決定，才能做好一件很簡單的事情。

當然，習慣也有缺點。習慣的形成是有原因的，例如你每個週末晚上都會待在家裡看電視，只因你天黑後就不敢外出，那麼你是在加深一個對你有害的習慣。當然，也可能不是這種情況。如果你爲了買房子，每天拚命賺錢，那麼一個星期花幾個鐘頭看電視以鬆弛神經，又何嘗不是一種好習慣呢？

但是，我們還是得花點時間探討造成習慣的動機是什麼，就像大部分人說不出我們爲什麼總是穿藍色套裝，或去餐館時總是點洋蔥湯。我們不會特別去注意這些事情，因爲穿藍色套裝或點洋蔥湯並沒有什麼不對的地方。

或許，我們也有某些自己不喜歡的習慣，一直想把它改掉，現在正是時候。

下面6種習慣都是不好的，建議及早戒除。

(1)對你沒有任何益處的習慣。這種習慣只是浪費你的時間及精力，而且還常給你添麻煩。例如，有個女人講完一句話後，會補一句「你跟得上嗎」、「你懂我的意思嗎」，結果有一天她向加油站的男服務生問路，照習慣又補了一句：「你能跟得上嗎？」讓她吃驚的是，那位服務生居然回答：「當然可以呀！小姐，我一下班就可以跟著你了。」

不管你有沒有類似的問題，最好戒掉沒有用的習慣，否則這些習慣只會惹麻煩。

(2)妨礙你做某件事的習慣。例如，你習慣吃過飯後馬上清理餐桌，但這種習慣可能會打斷你與某人的談話。

(3)對身體有害的習慣。如抽煙、暴飲暴食、經常壓抑憤怒的情緒等。

(4)令別人不舒服的習慣。如說話前要先清喉嚨、要別人讚美你、在餐桌上喋喋不休或低聲哼歌，這樣只會使朋友紛紛走避。

(5)令你顯得愚蠢的習慣。我認識一位精神科醫生，他喜歡咬指甲，讓病人反感。他曾停止一、兩個禮拜這種行爲，但新指甲長出後，卻又照咬不誤。結果，他的病人每個星期都迫不及待地要看他的指甲長出來沒有。

當然，我不是強迫你要把別人不喜歡的習慣都改掉，特別是那些對你深具重要性的習慣。像這位精神科醫生知道自己並不是特別喜歡咬指甲，也知道那樣會影響他的觀瞻，所以才會決定改掉這個壞習慣。

(6)自己不喜歡的習慣。這種習慣有時會降低你的身價，例如你習慣把別人一再跟你提醒的事忘掉。雖然沒人知道，但卻會令你感到苦惱。因此，不管是什麼習慣，只要是自己不滿意的，就要盡早改掉。

如果你能改掉壞習慣，便會有一番收穫，但是你要怎樣才能改掉壞習慣而得到新的收穫呢？

關鍵在於，你是否能夠努力克制自己的行爲。事實上，只要成功過一次，接下來只要按照下列的辦法去做就行了。

首先，研究一下你的習慣。不要以爲把這本書丟開，然後告訴自己不再在餐桌上喋喋不休就行了。改掉那個習慣，需要一星期的過渡期。度過這一星期，你會開始痛恨這個習慣，並懷疑你當初是怎麼養成的。記住，你一定要讓自己有一個星期的時間去觀察這個習慣。

然後指出壞習慣到底是什麼，給它下定義。如果你眞心要改掉，這樣做並不難，只是有些複雜罷了。以暴飲暴食爲例，吃東西本身並不是一種壞習慣，但是過度就有害健康了。

其次，注意觀察你何時會去做那個習慣性動作。當你做這個習慣動作時，你想到了什麼？當時你通常與哪些人在一起？你對他們的感覺如何？如果你事前對一種習慣知道得愈多，就愈能改掉它。

經過一星期的觀察和界定，就可以開始行動。剛開始時，習慣的反作用力會增加，這也就是為什麼有些人老是改不掉壞習慣的原因。但是，下面這些提示會幫你度過這個階段。

(1)要完全停止某個習慣，不要逐漸減少次數。例如你想戒煙，最好的方法是一支也不抽。如果你每天仍抽幾支煙，只是抽煙的次數減少了，反而會激起抽煙的慾望。

(2)想改掉某個壞習慣時，對頭腦內做出的判斷要打個折扣。例如你想改掉說話太快的習慣時，可能會產生「這樣會浪費時間」的矛盾，或是覺得別人可能無法接受這樣的語速，但換個角度想，也許改變之後的速度才是一般人喜歡的。如此一來，就可以加深改變這種習慣的決心。

把你想要恢復舊習慣的理由全部記下來，不管看來是否毫無關聯，都要詳細記錄，這些是以後可能派得上用場的資料。

隨時提醒自己，不要一再地這樣想：也許我的這個習慣不是真的那麼不好。

(3)感受到習慣的反作用力時，要正視它的存在。要是你還假裝根本沒有，壞習慣就會變得更可怕。等你發現自己又吸了兩根煙，或者又喋喋不休時，爲時已晚。

(4)感受到有種強大的衝動想恢復舊習慣時，試著把衝動發生前的情況及心境寫下來，例如覺得寂寞、愚蠢或沒自信等。記錄這些感覺，然後對可能再引發這種感覺的情況保持警覺。

(5)有了過失不要責備自己。只要找出癥結，從頭再來就行了。如果你擔心給人不好的印象而想戒掉咬指甲的習慣，那麼不要一味的勉強自己不咬指甲，這樣只會造成反效果，不如把自己想成一個嶄新的人，而非原來那個喜歡咬指甲的神經兮兮的人，並記住明天絕不再犯今天的毛病，然後看看你是否養成新的習慣，還是又回到原來的樣子。有些人不抽煙，卻變得喜歡咬指甲，有時候你可以從那些慾望的互相取代來找出相關的習性，最後再對症下藥。

(6)不要想用補償的方式來戒掉壞習慣，這樣反而會陷入誘惑的陷阱之中。例如有些人整個星期都在節食，到了週末卻大吃蛋糕作爲補償，結果不只是增加多餘的熱量，還引起吃甜食的欲望。

因此，如果你曾想要用其他方式當作改掉壞習慣的報酬，最好盡快杜絕這種想法。沒有任何報酬的做法，才能顯示你是靠自己堅強的意志戒掉的。事實上，改掉壞習慣後的自由、舒坦心境，就是最好的報酬。

(7)記住你以後的感覺會跟現在的不一樣。換句話說，現在你可能暫時會經歷一段「陣痛期」，但是過了一、兩週，或者更短的時間，你應該就會漸漸適應了。在戒煙期間，有的人會想：「手中不拿根煙就不像是自己了。」甚至覺得自己變得笨拙、虛僞、沒有自信，這些都是開始改掉壞習慣時的正常反應，以後就會慢慢消失了。

改掉壞習慣的過程中，如果你還是會不經意犯了原來的錯誤，不妨運用「擴大作用」的方法，問自己下面的問題。

(1)爲什麼我想恢復這個不好的習慣？

(2)沒有這個壞習慣，我會失去或錯過什麼？

(3)改掉這個習慣，對我有什麼影響？

(4)我有沒有突然想到對我不利的可怕事情？
(5)改掉這個習慣，會發生什麼可怕的事情嗎？
(6)別人對我有什麼評價？
(7)誰會批評我的習慣？
(8)目前的狀況爲何會令我想起從前？
(9)過去或現在，對人存有何種幻想？
以上面的問題反問自己，記住答案，而且不要對答案做任何批評。如果答不出來，那一定是你不敢直言而在推敲答案。例如「不玩撲克牌，生活會變得很無趣」、「不喝酒，別人會笑我沒酒量」等。

堅定地戒除壞習慣後，會產生成就感以擺脫不好的或無用的習慣，並對自己有新的認識。這點可能會導致極富戲劇性的效果。

布雷德和女朋友外出吃飯時，會習慣性地檢查自己有沒有帶錢包。結果，只要他們坐下來吃飯，他就會開始到處摸錢包，讓氣氛變得很尷尬。

他自己也覺得這種行爲很可笑，會引來他人的側目，於是決定改掉這個習慣。他認爲這個習慣對他來說不重要，應該可以輕鬆戒掉。

不料，和女朋友約會時，他又故態復萌，擔心自己沒帶錢，而不自覺地又開始找錢包。他一直想改掉這個習慣，卻又無意識地怕自己忘了帶錢出門。這個習慣終於引起女朋友的不悅。

「她嫌我沒能力，我只好隨身帶錢，支付約會時的所有開銷。一旦她認爲我不可靠，就會跟我分手。」

布雷德以爲「可靠」就是有錢，所以他出門總是帶著錢。即使如此，他依然覺得不放心，甚至覺得自己在騙人，而且隨時都可能被拆穿。

這種經驗令布雷德想起初中時發生的一件事情。有一天，他和一個男同學、一個女同學在冷飲店吃東西，付帳時，布雷德發現身上的錢不夠，結果老闆對他們大聲咆哮。布雷德視爲奇恥大辱，從此再也沒去過那家冷飲店。

布雷德是家裡的獨生子，父母非常有錢，對他呵護備至，不讓他玩他們認爲危險的遊戲。於是，布雷德大部分時間都待在家裡，除了讀書之外，只能獨自一人靜靜地玩，養成孤僻不合群的習慣。後來，布雷德抱怨別的小孩都不喜歡他，他的父母為了補救這一點，就給他錢，讓他邀請一群小孩去看球賽，並買了一堆零食，以便於看球賽時能邊吃邊看。就這樣，布雷德養成了拿出錢包數錢的習慣，後來習慣變得更簡單不需數錢，只要摸錢包就行了，但摸錢包的動作與以前的習慣，背後的意義又有何不同呢？

現在布雷德已經28歲，外貌出眾，身體強壯，充滿自信。他下定決心改掉這個習慣，因為這個習慣加重了他兒時那種恐懼的心理。

要建立自尊，就先要改掉這個習慣。第二步是找出與其具有相同效果的其他習慣，如避免提及自己失敗之處。布雷德發現自己的輕微妄想症是自己造成的，正視原因後，決定努力克服它。

還有個例子。教授理查上課時喜歡做誇大的手勢，學生全都注意到這點。有一次，他看到一群學生在模仿他的動作取笑他，於是他下定決心要改掉這個習慣。

隔天他站在講台上時，不再揮舞他的手臂，但卻有一種覺得自己變得十分渺小的感覺，好像學生都看不到他，事實上他的個子十分高大。

究其原因發現，理查是家中最小的孩子，父母及哥哥們經常忽略他，結果他養成揮動手臂以引起別人注意的習慣。長大後，即使他的個子很高大，仍然改不掉這個習慣。

如今，理查一邊改掉這個習慣，一邊尋找其他讓覺得自己渺小的行爲。他除了有揮舞手臂的習慣外，平常都表現得很安靜、謙恭，因爲他從小就知道，自己在家裡的地位比不上哥哥。他非常自卑，認爲自己的溫和是缺乏自信造成的。

理查跟布雷德一樣，最初並不覺得這些習慣對自己的自信心有影響，只知道自己很不快樂。不過，改掉一個他們不喜歡的習慣，總是能幫助他們知道到底什麼東西使他們感到不安。

很多習慣通常具有連鎖效應。露斯被強暴後，性格變得扭曲而極端，幾乎會下意識地逃避「性」這個話題，甚至覺得「性」是骯髒的。追根究柢，是她被強暴後，因怯懦而產生逃避的習慣，例如拒絕參加舞會或穿著保守等，這些轉變均因她被強暴而起。

另外，奈麗認爲自己是人支使的工具，這也是因爲一連串的行爲累積而來的，尤其是她的態度。她的日常生活習慣加深了她沒有主見的缺點，更使她喪失自信心。當然，每種態度都不是因爲一個動作而養成的，所以要改變你的態度，就先要修正一連串的習慣性行為。

由此可知，一次改掉數個有相關性的習慣，比一個一個地改掉容易。要從生活裡找到有適當關聯性的習慣並非易事，但只要進行訓練，你也能夠做到。因此，如果有5種習慣是屬於同一性質，最好一次改掉這些習慣，不要只改掉一個。因為只改其一，其他與該習慣有關的態度，易受到其他4個習慣的影響而不易改變。如果你已盡力克制自己，還是無法戒除壞習慣，那麼你一直在對付的根本就不是習慣，而是一種不可抗拒的衝動。

二、做事不要僅憑推斷

個人的思維邏輯、行動習慣、直覺、經驗和其他各方面的因素（如環境）直接影響人的行動。

人的既定想法之一是：認定我們的行動是根據推理，但實際上每種有意識的行動，只不過是我們在做想要做的事。

有位住在愛琴海海濱的哲學家想要到伽太基，是邏輯學教師。他冥思苦想贊成或反對這次航海的各種不同的理由，結果發現，他不應該去的理由比應該去的理由多：他可能暈船、風暴可能危及他的生命、海盜正伺機搶劫商船。如果他的船被海盜搶劫了，他們就會拿走他的財貨，並把他當奴隸賣掉。這些判斷顯示他不可能做這次旅行。

最後，他還是動身了。爲什麼？因爲他想旅行。後來，這位哲學家的旅行不僅非常愉快，並且安全歸來。

每個人的生活中，情緒和推理應該保持平衡，任何一種都不能總是處於優勢地位。

你想要做的事，儘管有很多不合理的理由，但有時可能會出現好的結果。

蘇格拉底是古希臘偉大的哲學家、思想家，他也有其既定的想法

蘇格拉底年輕時愛上贊西佩，她美得不可方物，他卻其貌不揚。但蘇格拉底有說服力，有說服力的人似乎都有能力獲得他想要的東西。蘇格拉底成功地說服了贊西佩嫁給他。

然而，蜜月之後，蘇格拉底過得不是很好。他的妻子開始注意他的缺點，他同樣也在意她的缺點。他爲自我主義所激勵。蘇格拉底曾說：「我的生活目的是和人們融洽相處。我選擇贊西佩，因爲我知道如果我能和她融洽相處，就能和任何人融洽相處。」

但是他的行爲卻不是如此，問題在於，他盡力和許多人而不是少數人融洽相處。當你像蘇格拉底那樣，總是試圖證明你所遇到的人都是錯的，那你就在排斥而不是吸引他人。

他說他忍受贊西佩的嘮叨責罵是爲了自我控制，但他如果要發展眞正的自我控制，就應該努力瞭解妻子，並用他當年說服她嫁給他的體諒、關心及愛的表現去影響她。他沒看見自己眼中的「橫樑」，卻看到了贊西佩眼中的「微塵」。

當然，贊西佩也不是完全沒有錯。蘇格拉底和她就像今天許多夫妻一樣，過去他們互相包容、互相牽就，交往時很甜蜜。後來，他們卻忽略以這種方式相處。忽略也是一種心理的既定想法。

蘇格拉底只看得見贊西佩眼中的「微塵」，接下來另一個青年的故事，則是學會了看見自己眼中的「橫樑」。在介紹他之前，我們先來看看爲什麼會出現嘮叨責罵的情況。

一般而言，當你知道問題的癥結點時，就能避免問題的發生。

語意學權威早川博士（S.I. Hayakawa）在《語言與人生》（language in thought and action）中寫道：

一位妻子爲了醫治丈夫的毛病（她相信那是丈夫的毛病），就嘮叨不休地責備丈夫，結果丈夫的毛病反而更嚴重，而妻子也就罵得更厲害。妻子對丈夫的缺點老是採取同一種反應，結果使得問題愈演愈烈，最後影響到婚姻，甚至是生活。

有個年輕人參加「積極的心態」講座的第一天晚上，老師問他：「你爲什麼要參加這個講座呢？」

「因爲我的妻子！」他答道。許多學生笑了，但老師卻沒有笑。老師根據經驗得知，許多不愉快的家庭通常起因於夫婦只看到對方的過失，而看不見自己的問題。

4個星期後，在一次談話中，老師詢問這位學生：

「現在你的問題處理得如何？」

「我的問題已經解決了。」

「太好了！那麼是怎樣解決的呢？」

「我學會了當我面臨被別人誤會的問題時，先反省自己。每次在檢查自己的心態時就會發現，那些都是消極的。可見我的問題並非是由妻子引起，而是由自己造成的。只要解決我的問題，彼此就不會再有疙瘩。」

如果蘇格拉底也能有相同的認知，也許與妻子之間就能夠相處得更融洽了。因此，當你與其他人發生衝突或誤會時，不妨先省視自己的問題，理智與對方溝通，生活才會更圓滿。

除此之外，還有其他的思考模式阻礙了很多人獲得幸福。出乎意料的，最大的阻礙來自於表現思想的工具本身，亦即語言。正如早川在其書中所說，語言是一種符號，而一個單詞的符號意味著無數的觀念、概念和經驗的總和。

所以你可以用一個詞來激勵別人。當你對別人說「你能夠」時，這就是一種有力的暗示。當你對自己說「我能夠」時，則是用「自我暗示」來鼓舞自己。

專家叮嚀我們，在正確思考的過程中，要先確認某個詞在別人眼中，或是在你嘴裡，到底意味著什麼。

三、避免製造不必要的誤會

同一個問題往往會有不同的結論。

人與人接觸時難免會有誤會，為避免不必要的誤會，雙方的想法一定要十分明確，而且要從思維開始。

一個9歲男孩的叔叔暫住在這個孩子家裡。一天晚上，孩子的父親回到家時，他們進行了下面的一段對話。

「你認為一個說謊的孩子會怎麼樣？」

「沒有前途，但我知道我的兒子不會說謊。」

「他今天說謊了。」

「兒子，你今天對叔叔說謊了嗎？」

「沒有，爸爸。」

「讓我們把這件事澄清。你的叔叔說你說謊，你卻說沒有。你老實說，究竟發生了什麼事情？」父親問道，然後轉向孩子的叔叔。

「我要他把玩具放到底層，他沒有做這件事，卻告訴我他做了。」叔叔說。

「兒子，你把玩具放到底層去了嗎？」

「是的，父親。」

「兒子，你的叔叔說你根本沒有做到，你要怎麼解釋這件事呢？」

「從第一層到底層有好幾個階梯。向下四個階梯就是一個窗戶，我把玩具放在窗檻上。『底層』就是地板和天花板之間的距離。我的玩具是在『底層』沒錯啊！」

叔叔和姪子彼此從個人理解的不同角度爭論「底層」這個詞的定義。這個孩子明明知道叔叔指的是什麼，但是他懶，不想走完樓上到樓下這段距離。

當孩子面臨懲罰時，他企圖使用邏輯來證明他的論點，爲自己找藉口脫罪。生活中不乏類似的事情。

有時，我們對同一個問題可以得到兩個或更多完全不同的結論。每個結論都基於不同的前提。當你從一個錯誤的前提出發時，既定的想法就會干擾正確的思考，而得到錯誤的結論。

史通說了一段有趣的經歷。

我小時候很喜歡吃青蛙腿，但有一天在某個餐館裡，卻吃到味道不佳的粗大青蛙腿。從那時起，我就不愛吃大青蛙腿了。

幾年以後，我在肯塔基州東北的露易斯維爾城的一個高級餐廳菜單上看到了青蛙腿，我就和服務生談了起來。

「這是小青蛙腿嗎？」

「是的，先生。」

「你確定嗎？我不喜歡大青蛙腿。」

「是的，先生。」

「如果它們是小青蛙腿，那就十分合我的口味。」

當服務生上這道菜時，我看見的仍是粗大的青蛙腿。我被激怒了，我說：「這不是小青蛙腿！」

「這是我們所能找到的最小的青蛙腿，先生。」服務生答道。

現在，我寧願吃這種青蛙腿，而不願老是積鬱不滿。我甚至非常喜歡吃這種青蛙腿，並希望它們更大些。

在回想這件事的過程中，史通認識到他對於大、小青蛙腿的優缺點結論是基於錯誤的前提。不是青蛙腿的大小決定它們有無味道，而是由於他以前所吃的粗大蛙腿是不新鮮的，他錯誤地把青蛙腿失去味道，與大小而非腐爛聯繫在一起。

由此可知，一旦從錯誤的前提出發，問題就會阻礙正確的思考。所以，當許多人允許總括性的詞語符號凌亂地堆積在他們心裡作爲錯誤的前提時，思考邏輯就會出現問題。屬於這類詞語符號的詞或片語有：總是、僅僅、絕不、沒有什麼、沒有人、每、每個、不能、不可能、既不是、也不是等。這些都是最常見的錯誤前提。因此，當許多人輕率地應用這些語言符號時，他們的邏輯結論就會是錯誤的。

四、改變盲目為自己辯解的習慣

關於女性的權利問題，有如下一段評論：「未婚女性最尊貴，最有權利，但結婚以後權利就衰落。生了小孩，連分配紅利的權利都大幅減低了。」

以現代的觀點來看，正好相反，結過婚有了小孩的女性，權利變大。

現代社會中爲自己辯解的人很多，上至公司下至家庭，不分事情大小，天天都有辯解場面的出現。一般人認爲，只要辯解有理，就能得到對方的認同，藉此維護且穩固自己的立場。其實這是一種錯覺。

正爲自己辯解的人，看到對方沒有發表意見，靜靜聽我方的分析，就誤以爲對方理解、贊同，然後滔滔不絕的說下去。實際上，聽者或許已經很不耐煩，只是考慮到若將這股情緒發洩出來，可能會破壞氣氛，只好強忍著聽下去。如果聽者是個性情暴躁的人，當下可能就會大發脾氣。

即使有再冠冕堂皇的理由，最好還是要改掉喜歡爲自己辯解的習慣。當然，在和外國人打交道時，適度地將辯解當作主張的一部分以維護自己權益，是可以接受的。除了這種特殊狀況以外，應該盡量克服這種爲自己辯護的作風。

若對方要求我方說明過失的情形，也不能以辯解的方式來說明，應該鄭重道歉，然後將事實說出來。對事情的是非，對方要如何處理，要由對方自行判斷，不必在說明時講出自己的見解，若把我方的見解也講出來，似乎有強迫的感覺，容易變成辯解。

眞正懂得爲自己著想的人，會顧及別人。若時常要犧牲他人，維護自己，就會流於卑鄙的個人主義者。這種人通常是不正當的業務人員或問題少年。他們會一味地爲自己辯解，不知檢討，總是把過失的責任推給旁人，並提出一堆藉口。這樣的結果，並非眞正對自己有益，反而會害了自己。

不爲自己辯解才有做人的魅力。

想要變得受歡迎，就要好好的磨練、充實自己，少做無謂的爭辯。很多人對主管的指示經常感到不滿。例如主管要求提早備妥工作資料，或是做平常很少接觸的事務時，許多職員通常會立刻辯解，表示自己從來沒有做過類似的工作，不知從何著手，或者是找藉口拒絕如期提出資料。這種遇事就爲自己找理由開脫的人，根本是在自掘墳墓，更別說會有什麼前景了。

尤其是把自己的責任歸咎到其他人身上，這種行爲更會讓主管對你的能力感到懷疑。如果評估過後，確定無法獨力做完或不能如期完成，應該盡早告知主管，安排其他人協助或延後完成日期，避免發生無法補救的憾事。

總之，到了指定日期仍無法完成主管指派的工作，就表示你辦事效率不高或能力不足，甚至還會延誤其他部門的進度。因此，你應該先坦承自己的過失，以謙卑的態度自我反省，即使主管大發脾氣痛罵你一頓，你也應該誠懇地道歉，並保證以後不再發生這種過失，這才是一個對工作認眞負責的人。

無論處於何種場合，都不推卸責任，對任何人而言都是相當嚴峻的考驗。就算心有餘而力不足，就算影響到睡眠時間和品質，只要力爭上游，保持經得起考驗的堅強毅力，藉由實際行動表現出來，最後一定可以擺脫失敗的糾纏。再者，經常推卸責任，會招致周圍人的不滿，影響人際關係，更別說事業會有什麼發展了。總之，做任何事都要勇於負責，不找藉口，這樣不僅能贏得人氣，對於工作也有極大的助益。

五、從玩樂中培養個人魅力

任何事物都是有規律的，玩樂也有規律可循。這個規律並不是指比賽的規則，而是做人的原則。有些人只注重比賽規則，所以在有了數不盡的玩樂經歷後，情操卻變得更卑下，這或許就是某些職業運動員的悲哀。

這裡所說的規矩、原則，指的是做人方面。透過玩樂得到人與人之間互相需要遵守、約定俗成的規矩，也可以說懂得控制自己的慾望，以免互相牽連波及對方，這就是玩樂規矩的基本精神。當你學會了控制自我慾望的技巧時，才可稱爲懂得如何玩樂的人。

透過玩樂的行動，可以自然而然培養出做人的風格和特質，增強自己的魅力。所以有人說：「不懂得玩樂的人，就不知人生的樂趣。」實際上，玩樂和人生是緊密相連的。

不懂得玩樂的人，不可能體會人生的眞諦、樂趣，甚至不能稱之爲眞正的人。同樣，若沒有透過某種形勢，把人生的眞諦發揮出來，自己就會失去魅力；別人會覺得與這種人交往索然無味，自然與之疏遠，變得越來越孤立。

玩樂就是生活。身爲業務員，將來想要有所發展，就要善於玩樂。若被人們認爲不懂得玩樂，當然也就無法交到許多朋友。不論是哪一種遊戲，只要對它有興趣，你自然會熟悉玩樂的規則與技巧，無形中展現出獨特的魅力，吸引大家的注意，就像潤滑劑一般，對人際關係大有益處。

玩樂也是人們在生活中形成的對人生獨特看法的結晶，正當的玩樂有益於人的身心健康。不過，要熟悉玩樂的技巧，需具備很強的體力，而且要花時間去磨練。

接受磨練的過程中，所得到的各種體驗，可以增長對人生的看法和智慧。換言之，學習玩樂技巧的過程中，以時間換取磨練的機會。

無論如何，經過玩樂中磨練的洗禮，會使人心胸開闊，情緒放鬆，並可培養出行家的風範。因此，在年輕的時候，磨練自己，提高玩樂的技巧，就能增加做人的魅力。經常利用休息時間參加休閒娛樂，有機會結交一些崇拜的理想人物，同時有益身體健康，可謂一石二鳥。

第二章 避免人為製造消極局面的途徑

如果將正當的玩樂視爲無聊者的空虛行爲，甚至加以鄙視，那麼除了變成玩樂的俘虜或反對者之外，一切都無意義可言。有關玩樂方面，除了必須瞭解並遵守比賽規則外，人與人之間相互理解與遵守做人的原則，也不容忽視。否則，玩樂的眞正含義會蕩然無存。若能成功地協調玩樂內外的關係，一定可體會娛樂的樂趣。

玩樂乃人生的縮影。放眼觀察普遍性的玩樂方式，多數業務人員最喜愛的不外乎喝酒、玩紙牌、打麻將、打高爾夫球等，也許是因爲這幾種玩樂簡單易學，所以才獲得大家的鍾愛。不過，也有不少人只懂得這些玩樂一點皮毛，不知精髓所在。

有朋友，就免不了聚餐飲酒的場合。在聚會中，有些人的酒品很差，甚至只是藉酒澆愁，讓人懷疑他們喝酒娛樂的目的是什麼？大家歡快地聚集在一起，吃喝氣氛愉快，談笑風生，增加親切感、認同感，或達成某種共同的協定，才是吃酒宴的主要目的。當然有些人是爲了沖淡悲傷的心情，喝酒發洩，不過既然是幾個人結夥一起喝酒，總是有值得同歡的事情，諸如與老朋友歡敘、開懷暢飲、舉辦歡送會，或者是爲了專門品嚐名酒的味道等，如此歡聚在一起，才會別有情趣。

舉行歡送會時，無論參加者的社會地位多高都無所謂，被歡送者才是聚會的眞正主角。宴會應以主角爲中心，讓所有參加者都歡快、融洽，這才是舉辦酒宴的最終目的。若在這種場合，大放厥辭，自以爲是，只會掃興，破壞氣氛，所以在聚餐的場合，一定要注意自己的言行。放鬆可以，但還是必須遵守基本的禮貌，顧慮眾人的心情。

而有些人會在不自覺的情況下破壞聚會的氣氛，這可能是自己的性格或心理造成的。例如，大夥兒正在盡興喝酒時，偏偏你悶悶不樂，對人不理不睬，似乎在表示你不願意與他們同流合污，使人不得其解。這種與人不同的孤絕態度，常是破壞氣氛的罪魁禍首。

再者，飲酒過量，容易在不自覺中暴露出人性醜陋的一面。即使賓主盡歡，氣氛和樂，也不能不顧自己的酒量，胡言亂語，這樣不僅破壞個人形象，也會使爲人不歡而散。

另外，打麻將這種遊戲，是觀察一個人個性的好方式；從每個人打麻將的方法和技巧中，可大概瞭解此人的個性，如性格的剛毅程度、有無膽量、處理問題是否謹愼，以及判斷力和果斷程度。從麻將桌上，不僅能推測對方的人生觀，還可以觀察輸贏後的個人風度。

爲了獲得滿足感，必須堅韌地控制急躁的情緒，等待好的時機。有時候爲了不吃虧或抓住機會，雖然是小贏也不可放棄。當然更要懂得膽大心細的挑戰要領。當遭遇連連敗北的打擊時，可以從對方的表情和神態中，判斷對方接受刺激的程度與本領，察覺對方形象的好壞。牌品與每個人的修養與個性有極密切的關聯。

至於打高爾夫球，則是一種自我挑戰的考驗。高爾夫球場球洞位置的配置，就像是特別爲技術高超的人設計一樣，能順利揮動球桿，讓球一桿入洞，接著再揮第二桿，每桿都安排得很巧妙，使球能平穩地打入洞中。這些高超的技巧都必須經過反覆練習、不斷磨練才能達到。

人的生活和生命也是同樣的道理，必須熟悉玩樂的原則與內容，才能從中獲得樂趣。

人生的意義在於不斷地豐富、拓展自己，尋求自我的眞實價值。人的生命的眞諦，也在於不斷追求生活中創新的、美好的、愉快的事物。

六、「工作狂」只是狂人而已

對工作過於熱衷的人，容易被稱爲工作狂；而非常喜歡讀書的人，則被稱爲讀書狂。很多人對這樣的人總是抱持著敬畏的態度。隨著時代的發展、社會風氣的改變，人們的價值觀也發生了巨大的變化，對這種工作狂的尊敬感開始有所改變，對他們的價值也予以重新評估。

我們反對那些不認清時代背景，一意孤行、僵化的教條主義者，他們最大的問題就在於自我評價標準與社會要求之間具有極大的差距，他們無法適應巨變中的現實社會。社會觀念的改變，是人類集體智慧的結晶，是人們實踐經驗的結果，是以變對變，對固有價值評判標準的深層探索。

多數工作狂或多或少都有神經質和盲目性，最後的結果往往不如人意。他們一輩子拚命工作，損壞了身體和精神的健康，晚年卻不一定能過著美好的生活，違背了人生應有的規律。

第二章
避免人為製造消極局面的途徑

以前的社會，注重量的生產，藉著增加工作量、延長勞動時間等來累積財富，卻忽視了人的本性，而且對工作狂給予極高的評價。企業也千方百計尋求這種對工作過度熱心的人，使其成爲廉價的「機器人」，泯滅人性。

而有工作狂傾向的人，也被自己的行爲蒙蔽，以爲這就是社會、歷史賦予的重任，而悲劇恰恰就在於自己的愚昧。他的家庭雖然知道這種人只重視工作，不關心家庭，可是對他也無可奈何。有些工作狂即使犧牲自己的家庭也在所不惜，在他的心中和眼裡只有公司和工作，其他都無所謂，甚至可以付出自己的健康和生命。剝奪這種人的工作，他們就好像無法活下去，任何人都無法扭轉他們那種瘋狂的念頭，只能搖頭歎息。

以前的社會風氣，就是過於容忍這種狂人，甚至提倡狂人精神，結果使得他們變本加厲，如同得到無窮支援似的，只重視工作，忽略個人的私事，對身邊的人更是視而不見。

被視爲狂人的人，通常以自我爲中心，逐漸變成固執狂妄的人。這種人和一般人的心態有極大的差異，他盲目、僵化。教條、內心的極度空虛，使他們只能靠瘋狂的工作來發洩。在當今逐漸重視「心態健康」的社會中，這種狂人顯然與社會背道而馳。

人們正漸漸明白自身的價值，理解生活的本質，而且當今企業的生存越來越依賴產品的質量而不是數量。既然企業競爭的重心轉移了，那麼人的重心也應該隨之轉移。

我們應該具備清醒的頭腦和銳利的眼光，確立行動的目標。就算前輩是工作狂，也不必學習他的態度，應以多變的能力應付多變的將來，同時確實掌握自己對工作的態度，並瞭解自己的性格和本質。

換言之，不要過分依賴和熱衷工作，好像除了工作，人生就沒有其他樂趣了。應該在有目標的生活中，適當地調整工作與生活的關係，這種工作態度，才是目前這個時代需要的。

當然，這並不表示要大家不努力工作而轉尋其他樂趣。生活是唯一的，工作是多樣的，有目的地工作，爲了工作而生活，而不是爲了生活而工作，這樣才能從工作中享受到人生的樂趣。

熱衷於工作的人，工作時的熱情、幹勁，確實令人敬佩。保有傳統作風的上司，確實特別看重這種人，欣賞其勤勉的態度、奮鬥的精神，認爲這才是員工所應具備的特質。熱衷工作的人，熱愛工作並沒有錯，錯在於超過了一定的限度，變得彷彿在自我摧殘，失去了工作本身的意義。

有些人喜歡說自己的工作很忙，豎立一種工作狂的形象。這種常表現自己工作忙碌的人，在工作上通常沒有特殊的表現，只是爲忙碌而忙碌，藉此掩飾自卑的心理。也有人對工作不加選擇，只要有工作可做就顯得異常興奮，好像飢不擇食。這種人不是虛張聲勢的自我表現者，就是沒有頭腦的工作狂。

效率、質量是現代企業生存的兩大支柱。眞正工作效率高的人，根本不會擺出誇張的姿態來誇耀自己。他們會冷靜地看清工作的實質，選擇適合自己的工作方法，用最經濟的時間、最恰當的時機，完成最大限度的工作量，發揮極高的工作效率。他們不會整天忙得焦頭爛額而一點成果也沒有，他們的成功就在於掌握了工作的全部意義。

據說獅子即使要抓一隻老鼠，也會全力以赴。人不能像獅子一樣，對無關緊要的事情也全力以赴，否則不僅體力吃不消，也會變成工作狂。一個頭腦眞正靈活、有辦事能力且富於時代感的人，他知道什麼工作應該優先完成，且須集中全部精力，也知道什麼工作可按計劃完成，不必耗費太多的精力和時間。這才是一個合理分配自己的體力和時間，走向成功的員工。

因此，不能爲工作而工作，被工作牽著鼻子走，也不能墨守成規，一味強求工作，要因時因事制宜，適當地安排屬於自己的時間，尋求生活和工作的樂趣。擁有這種想法，才不會變成工作狂，生活和工作也才會有情趣可言。

七、不要為了面子而不敢說「NO」

我們在說某些人傻的時候，總說他們誠懇老實、做事守本分、待人熱心，甚至有些糊裡糊塗，對什麼事都容易滿足，好像是個沒有主見的人。

其實，這是一種誤解。這樣的人也有自己明確的處世原則，在這個原則的範圍內，別人即使得罪他，做出不利於他的事，他也不會生氣，反而明白地裝糊塗，讓人覺得他是隨和、開朗的人。

但是，如果別人做的事或對他的要求超出了他的原則範圍，他們就會堅持自己的立場，因爲他知道該拒絕的時候就該果斷地拒絕。

身爲現代人，確實就該有這樣的決心和毅力。就拿二十多歲的上班族來說，他們並沒有一般人想得那麼單純。生活中、工作上如果遇到問題，有的人會不由自主地背叛自我的信條，做一些不想做的事，勉強自己認識原本就討厭的人。

人應該學習忍耐，但是面臨挑戰自己設定的原則的事情，就要果斷地加以拒絕。總之，不要受到無謂的引誘。

即使暫時會被孤立，暫時會覺得寂寞，又何妨呢？只要你是個有骨氣的人，凡事堅持到底，危機也會變成轉機。

即使面對的是老朋友、女友或上司，也一樣要堅守原則。即使會因此與女友分手，會因此遭到上司冷落，該拒絕的就要拒絕。

不過，先決條件是，你必須是個具有明確目標的人。例如在工作方面，要執著、認眞，缺乏原則，就像沒有根的浮萍，無法保有原本的自己，甚至被世俗的染缸污染。更嚴重的是，自己將愈來愈不敢面對自我，或者根本沒有自我可言。

企業之所以會開始要求員工自主、自立，也是基於這個道理。眞正有戰鬥力的企業，需要的是具有人生目標和原則的員工。在現代的企業中，沒有「堅持」的上班族，就沒有戰鬥力。

實際上，一個眞正聰明的人，懂得什麼時候該拒絕，什麼時候不該拒絕。這也是一種維護自己權威的方式。人要是失去自尊，就沒有價値可言。

簡單的說，就是一個人必須要自尊。這裡指的不是因爲個人地位、才華而產生高人一等的感覺，而是不願讓自己做丟臉的事。有沒有這個決心，將是一個人墮落或更上層樓的關鍵。

那麼，眞正聰明的人該具備什麼自尊呢？就是自己的責任自己擔負，不管是煩惱、困擾，還是面對未來的不安，都要自己扛下來。不要依賴他人，也不要猶豫觀望，只要預先有最壞的打算，就沒什麼好擔心的了。

這種自尊，不妨說是自己對自己立下的誓約，答應自己要做個有膽量、有責任感的人，而且不詭辯，不推卸責任。這並不是一件難事，只要心裡時時想著不能背叛自己做人的立場，全力以赴，就能培養出自尊的我了。

不過，爲了自尊而拒絕他人要求需要技巧，避免一口回絕或不理睬別人，否則只會影響人際關係，以及別人對你的評價，造成反效果。

建議明確、誠懇地告訴對方你拒絕的理由，希望對方能體諒你。如此一來，有自知之明的人應該就不會再爲難你，反而會爲你的坦率所感動。不得已時，可以編派一個委婉的藉口拒絕別人，這樣既能讓對方明白你的立場，也能充分維護對方的面子，保持雙方良好的關係。

總之，該拒絕的時候，就一定要拒絕。這是一個人樹立自我形象，保持鮮明個性的必經之路。

王剛和張平是從小一起長大的好朋友，他們從小學一起讀到大學，感情深厚。不過，畢業後兩人的命運卻有所不同。王剛個性內向，在一家小公司擔任技術員，一做就是數年。張平則能說會道，做事果敢，有魄力，很快就在一家大公司站穩腳跟，甚至成爲公司的經理。

儘管兩人在事業上的成就有著天壤之別，但畢竟是好朋友，有空時還是會聚在一起。更巧的是，他們所在的兩家公司有業務往來，使得他們更有話題可談。

這一天，兩人和往常一樣來到「紅房子」酒吧。黃酒下肚，張平一反調侃的樣子，正經地對王剛說：「老兄，我想請你幫個忙。」

「幫忙？我一沒權二沒錢，能幫你什麼忙？」王剛覺得有點奇怪。

「是這樣。」張平坦白地告訴王剛：「最近我們公司和你們公司正在談一個合作專案，如果你能把你那個部門的技術資料提供一份給我，那對我們公司的談判會更有利。你能不能盡快幫我複製一份？」

「什麼？你要我做洩漏公司的機密？」王剛皺著眉說。

張平小聲說：「我請你幫我是有條件的。如果辦成了，我給你10萬元報酬。還有，這事只有你知我知，對你不會有任何影響。何況這對你們的公司也沒有什麼壞處」

「不要再說了！」一向溫和的王剛斬釘截鐵地打斷對方的話。「我雖然在公司不受重用，但我絕不出賣我的良心。請你理解，我不能答應你的要求。否則我們就無法做朋友了。」

「好，好，好。」張平不但沒有生氣，反而頗爲欣賞地拍拍王剛的肩，說：「這事就當我沒說過。來，乾一杯！」

不過，兩人之間還是多少有了一些疙瘩，王剛喝完兩杯酒，便起身告辭了。

之後，兩人見面次數明顯少了很多。雖然王剛對自己的舉動一點也不後悔，但他覺得張平內心一定在記恨他。畢竟大家是那麼好的朋友，他卻一點餘地都沒有地回絕了張平的請求，而且對方是個堂堂的總經理，肯定會覺得很沒面子。

不久，發生了王剛做夢也想不到的事，他的公司因爲經營不善而破產了。王剛一時沒找到新工作，只好待在家裡。過了幾天，他突然接到張平的電話，請他去一趟。

王剛百思不得其解，不知張平找他有什麼事。不會是故意想向他炫耀一番吧？不過，看在老朋友的面子上，他還是忐忑不安地來到張平的辦公室。

出乎王剛意料的是，老朋友張平像以前一樣熱情地接待了他，並且拿出來一張非常正式的聘書請王剛到這個公司做技術部主任。

王剛覺得很驚訝，喃喃地問：「你爲什麼這麼相信我？」

張平哈哈一笑說：「憑的就是你上次果斷拒絕我，這使我更加看清你，你才是最値得我信任的那種人！」

八、善用消極的情緒

1、消極的力量沒有想像中的可怕

就算你不知道自己是不是樂觀積極的人也沒關係，因爲大多數好動外向的人都謊稱自己樂觀而積極。即使是那些出類拔萃的教師、演說家或作家，有時也有不可告人的傷心往事。

世上沒有完全樂觀或完全悲觀的人。然而，那些依靠宣傳樂觀觀念而生活的人，總是能說服世界上其他人相信「如果你不是時時刻刻對生活抱著絕對樂觀積極的態度，那麼你就是個低能兒」。不知怎麼地，我們都認爲我們一定有什麼極其錯誤的地方，使我們不能抱持樂觀積極性。久而久之，這種想法使我們做出這個結論：「我眞的不是個能幹的人，天生就是個失敗者。」

大部分的人都相信某些行爲和傾向被看成是積極的，某些則是消極的。甚至認爲成功者是積極者。不積極，註定會失敗，除非你改變自己。因此，我們花許多精力試圖改變自己，而不是放在取得成功上。

如果你認爲自己是個消極者，就會經常告訴自己「不能這樣做」。千萬不要理睬這種聲音，也別把精力放在試圖改變對自己的看法上，這樣就能擺脫「先改變後成功」的陷阱。

你可以按照自己的意願做個消極者，一方面整天悶悶不樂，一方面在取得成功的過程中做自己該做的事情。一位受歡迎的歌唱家、電影明星和喜劇演員貝特．米德勒，在一次訪問中曾經提到，她的丈夫認爲，她是他所知道最悲觀的人。講到這裡，她突然哈哈大笑起來。很顯然，她對生活悲觀的看法並沒有煩擾她。她可以在大庭廣眾面前談論它，並且公開地放聲大笑。

想法的威力非常大。我們所思考的事常常變成現實這一觀念，加劇了我們對無拘無束的消極思想的恐懼。如果不好的預感都變成現實，後果就不堪設想了。想法不是那麼簡單的邏輯，我們不可能明白揭示自己的每一種想法，不過，消極的情緒壓力並沒有想像中的可怕。

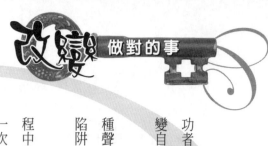

有人搭飛機時，容易抱著可能墜機的想法。如果你的消極想法威力有那麼大，那麼積聚乘客全體的消極威力，我們不就永遠不能安全降落了嗎？別害怕你的消極想法，只要堅定不移地投入於自己的事業，成功就在眼前。

2、將消極面的阻力轉變為正面的助力

很多人認爲工作失敗是自己的消極造成的。事實上，問題的根源並非消極，而是選擇了缺乏鼓舞人心的工作，而這些工作讓人變得消極。

某人在進行一項新的專利發明研究。當他做了一段時間後，發現自己對這項研究的態度十分消極。他捫心自問：爲什麼會這樣？這時，他意識到這不是因爲自己不願做這項工作，而是無法忍受待在辦公室裡從事重複的計算數位和循規蹈矩的工作，他討厭枯燥的事情。當一個人從事與其個性相吻合的工作時，效率會事半功倍，而且心情會特別愉悅。最後，他出錢找了一個人來代理這項工作。

幾個人在澳洲旅行期間，參觀了家可以讓人抱動物的動物園，之後就愛上了澳洲

的無尾熊。無尾熊是一種行動遲緩的動物，看起來像是一團長有兩雙短腿的大毛球。皮厚、毛密、肚肥，大部分的時間不是吃就是睡。可愛，喜歡打滾，而且還可以讓你搔搔牠肥厚的肚皮，是一種極討人喜愛的動物。當時，他們感到納悶，如此珍貴的動物怎麼能夠在曠野中保護自己免遭肉食運物的毒手。

返回美國之後，他們對無尾熊進行一番研究。發現無尾熊不知道自己的缺點，沒人告訴牠應該做一個剽悍而出色的「戰鬥機器」。相反的，牠利用自己「消極的特徵」來護衛自己。當肉食動物走近時，無尾熊會鑽進小小的洞穴，蜷成毛球狀，繃緊多骨、多毛的厚實脊背，使肉食動物難以將利齒扎入無尾熊體內。而當肉食動物把腦袋伸進無尾熊的洞穴內試圖吃牠的時候，無尾熊會抬起牠那大大的身體，用堅硬的後背把肉食動物的腦袋向小洞上面用力頂，躲避牠的攻擊。

總之，不要太在意消極的負面效果，而要善用其正面的意義。如果你喜歡發呆，只想坐著看書，那就找一份能整天看書的工作，例如圖書館館員。如果你喜歡吃東西，那就找與食品相關的工作，例如廚師。如果你喜歡看電影，就找與電影業相關的工作，例如電影售票員。如果找不到與自己喜愛的消極面相關的工作，那就試著發揮你的創意，自己創業。

有一次電台採訪傳奇人物，棒球隊經理喬治•安德森，他告訴記者，他的缺點是：他知道棒球應由內向外反傳，但他就是傳不好球。因爲他的球打得不夠好，不能成爲職業球隊的隊員，所以他後來成爲棒球隊經理和教練。

消極面通常隱藏著一筆有待發揮的財產，可以爲你贏得報酬。生活的奧祕隱藏在你的性格裡。好好琢磨無尾熊的智慧就可以理解了。

事實上，努力克服消極的個性，積極地將精力投注在實現夢想上，比沈溺在負面情緒而不可自拔能夠有更大的發展，也不會經常徒勞無功。

只要善用長時間以來爲了克服消極面所展示的決心，就可以輕而易舉地變成眞正培育成功的種子的力量。

敲開決心的大門，將注意力從自己的消極面轉移開，把注意力集中在實現夢想上，即使是微小的希望之火也不忽略，就一定能夠獲得成功的果實。

生活是由不切實際中的合理性組成的，臉皮厚、居心叵測者對此瞭若指掌，不過，希望和夢想會變成生活中的拖船，引領我們前行。造物主創造我們的那一刻，就確保我們「不斷產生新的希望」。

不要在意消極性的存在，專心於眼前的事務，將精力集中於希望之光，成爲一位積極的消極性思想家吧！

第三章
從新的起點向上攀登

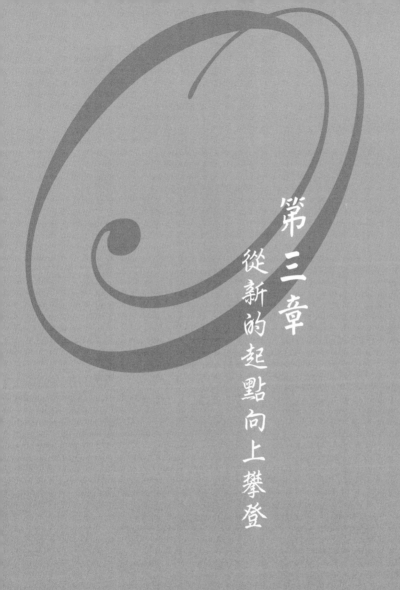

一、讓自己有個愉快的轉變

有些人的個性終其一生都沒有改變，有些人是長大後個性才有所改變，而有的人個性變好，有的人個性則變得更糟。也有些人總是靠自己的力量，沒有借助心理學家就克服各種心理疑難雜症。

有報告指出，靠心理治療才能離開精神病院的患者，比起病人自己治癒的人要少得多。心理治療對病人多少有幫助，但某種治療方法卻對改變患者的個性沒有多大作用，因爲那種治療方式是要求病人在接受治療期間的生活方式不可多做改變。

我們之所以能改變個性，完全是靠自己，正統的治療法亦同意這點，並將這個觀念表現在「心靈的創傷」裡的某些理論中。所謂「創傷」，是指某個可怕的事件在心裡留下深刻或長久的傷害。「創傷」的希臘文意思是「受傷」，但這種引用法並不貼切。因爲並非所有的創傷對心靈均有損害。就事件在心理或生活方式的改變而言，有些是有益無害。就像「塞翁失馬」，還是那位「受傷的人」曾遇過最幸運的事。

從馬背上摔下來，一般人都會認爲應該馬上再爬上去，因爲如果不這麼做，就容易失去信心。

任何因害怕而產生的逃避行爲，都會加深恐懼感。這種反應在日常生活當中隨時可見，尤其是表演家對它特別重視。例如，賽車手在一次意外之後依然會再度地開快車，否則他們會因恐懼感的侵襲而預見自己發狂的樣子。

經歷過一次失敗之後，要避免因而產生長久的害怕心理。切記，恐懼感常隨著失敗而來，而非失敗造成恐懼感。任何人都不會在失敗以後馬上感到害怕，只有「逃避」失敗才會導致害怕。

來看看另一個較重大的創傷例。露斯14歲，正值接受自己的性別，扮演適當角色的年齡，而她卻在這時遭到強暴。這事使她傷心欲絕，過程短暫，後果卻令她終生難忘。她感到羞恥，尤其是當父親還罵她引誘那個男人時，更令她無地自容。於是，她立刻用那件事提醒自己終止一切與性有關的活動，不管是多輕微的小事。她不再學習舞蹈，穿衣服的樣式也極度保守，只與一些個性嚴謹的女孩來往，拒絕任何異性交往。

她杜絕生活中一切與「性」有關的事物。她輕視它，認爲它可恥，對男人均採取不信任態度，對自己的身體及性的慾望也產生厭惡感。就這樣，內心的恐懼及憎惡日益加深。

強暴事件發生的時間，正值她扮演性角色最易受到傷害的年齡。如果晚幾年發生，那時她已完全建立起性的生活方式，就不會輕易改變性觀念；又如果發生的時間早一點，譬如8歲，那麼根本談不上有什麼性的生活方式，當然也就更難在心靈上留下如此深刻的創傷。問題是露斯正含苞待放，在可塑性極大的14歲時發生了這種可怕的事情。

再者，如果露斯的父母在她遭受強暴之後盡量從旁協助、輔導，安撫她的情緒，或許可以避免她的個性和生活方式變得那麼極端。例如堅持她繼續學舞，參加學校裡的活動，替她買更多這個年齡喜歡的衣服　露斯可能很難在短時間之內打開心門，但只要父母不厭其煩地開導她，一定能夠慢慢卸下她的心防，撫平創傷。

如果把心理創傷用這種說法來解釋任何改變原本規律生活的事件，就可看出哪些是對我們有害的創傷，並把它排除掉，甚至可以自己創造快樂的事情，消弭負面的情緒。

先來看一個可以預見且可能會發生創傷的例子。有對夫婦得知5歲的兒子鮑比視覺

第三章
從新的起點向上攀登

有了毛病，而這種毛病可以戴一年厚眼鏡矯正。鮑比在幼園裡非常活潑、外向、好動，他的父母猜想，只要他一戴上那副眼鏡去上學，其他的小孩一定會拿他開玩笑，更糟的是，可能會影響鮑比的個性，不是使他變得沈默、易怒，就是會成爲小丑型的性格。無論是哪種情形，都會嚴重影響他的人格發展。

於是，他的父母去拜訪鮑比的老師，預想各種後果之後，想了一個方法。隔天上學時，老師明知答案，卻還故意問小朋友有多少人喜歡鮑比，全班都舉起手。然後，她再向他們解釋說，不久鮑比就得戴上一種特製的眼鏡，長大後視力才會跟你們一樣正常。接著連續3天老師把同樣的事情複述一次，好讓小朋友記得。終於鮑比戴上眼鏡來幼稚園了，有幾個小孩惡意批評一番，但大多數的小孩都站在鮑比這邊。幾個星期下來，他的父母及老師發現，鮑比照常參加幼稚園裡的一切活動，沒有發生畏縮的行爲。他很快就適應新的生活需要，依然是以前那個活潑、外向的小孩。這是憑一對敏感的雙親及機智的老師之助，才得以免去孩子心靈創傷的例子。

那麼，有益的創傷又是什麼呢？其實我們隨時都可看到這樣的事例。

唐納，一個15歲的學生，成天與一群犬儒主義者（嘲諷、玩世不恭者）及自私的朋友在一起，他總以爲仁慈是一種愚蠢的行爲，他雖愛雙親，但卻反對依賴他們。至於他的父母呢？他們也不敢要求唐納做家事，深恐會使唐納與他們的關係更加疏遠。有一天，母親中風了，所有的家事都落在唐納身上。出人意料之外的是，唐納一夜之間竟然完全變成另一個人。他認爲身負新的責任，必須去履行，而且從他每個新的活動中都證實了自己活得更有意義。他覺得這種責任與身體健全的父母用專制的口吻命令他去做有所不同，後者常因害怕遭責備而去做，因此只會有所不滿。而目前的情況反而讓唐納認爲自己應該負起這些責任，因爲他是家中唯一能做這些事的人。

他的動機基於不願意看到母親沒人照顧，不願使母親熱愛的家在她眼前崩垮，更不願令父親沒人關心或衣衫襤褸。他深愛父母和家庭。如果唐納是被父親強迫去照顧母親，結果可能就不是這樣了。現在，他反而得到了一個有益於自己的創傷。

另一個類似的例子是：有位喜歡欺凌弱小的學生，被老師指派去保護他以前恐嚇過的同學，不料他竟然眞的盡力把照顧同學的工作做好，並壓制其他頑劣的學生，後來，他的個性因而轉好。被賦予新的責任，造成正面的轉變，這種事在任何年紀都可能發生。

第三章
從新的起點向上攀登

35歲的湯姆，聰明但急躁、粗魯，患有胃潰瘍。他是演員，但知道自己沒有演戲的天分。為了糊口，在醫院裡找到一份工作。聰穎的他，即使漫不經心也能把工作做好。就這樣，當他的演戲生涯突然中止時，他被任命當上一家破舊醫院的管理人員。他專心而投入，結果不僅重新整頓醫院，也開創了另一片屬於自己的天空。雖然工作壓力比以前更重，但胃潰瘍及粗魯的個性卻不藥而癒。他的生活變得既豐富又充實，這就是一個典型正面的轉變。

對多數人來說，成年人在生活中的轉變，無論有益與否，多半來自我們所愛的人或工作中的同事或壓力。你是不是常聽到類似這樣的話：「愛麗斯自從認識赫伯後，就像變了個人似的。」為什麼會這樣呢？並非他待她好，而是他激發她去做新的事情，表現得誠懇、熱心。我們可以說：「是赫伯使愛麗斯把最好的一面表現出來。」所以認識一個新的、有吸引力的朋友，可能是一個正面轉變的開始。

新朋友可以防止你做有害於自己的事情，促使你去做有益之事，並令你去關心這個世界上你以前所不知道的事，同時建立起自尊。

某位你深愛的人給你忠告，你會照著他的話去做，這是自我創造的原則在發揮作用，但他本人並不知道。例如費爾很喜歡吹牛，但他所說的話通常無傷大雅。有時他會告訴別人他曾是學校裡的賽跑冠軍，有時則會吹說他正在賺大錢。他的女朋友愛他，不爲了錢，也不爲他跑得快，純粹是因他有趣、熱心、慷慨，以及其他優點。她雖不知吹牛會造成什麼樣的後果，但卻知道那不是一件好事，別人也不會喜歡。

於是，她以關心的口吻代替指責來提醒費爾，要他馬上改正這種喜歡炫耀的缺點。女朋友告訴他：「吹牛會使你感到不安。」這話一針見血。就是不安才會驅使費爾吹牛，他想讓自己在別人眼中看起來更有分量。「我是傑出的人物！」這就是他心裡所想的。他之所以吹牛，是因爲他認爲如果別人不知道他的成就，就會貶低他的身價。希望得到陌生人的尊敬，這就是一般人吹牛的動機。

我們當然不能輕視陌生人或對他們的評價漠不關心，但如果你經常計較別人是否喜歡，就容易引起自己的焦慮不安，甚至只在意別人的看法，而忽略自己的優點。這樣一來，就會驅使你說謊，誇張莫須有的事情。

對費爾而言，他認識其女友是一種有益於自己的轉變，他明白她是基於愛他而提出忠告，也因此願意改變自己的行爲，改掉吹牛的習慣，藉此消除內心的焦躁不安。

二、認清自己，擺脫生活的束縛

無論在辦公桌前，或是在電視機前，都有精神緊張、筋疲力竭的人。他們一方面因追求社會地位而坐立不安，另一方面為了追求地位不得不沈緬於激烈的競爭和尊崇他人的潮流之中。總之，這樣的人毫無幸福可言。

就算知道自己正在追尋的是不切實際的東西，就算知道生活方式有問題，但是很多人還是無法面對現實，因為他們的周圍找不到一面可以照見自己的鏡子。有的人會更加盲目地工作，漫無目的以各種實則無用的方式應付面臨的窘境，結果卻反而使自己陷入更深的泥淖中而無法自拔。

當有人問：「你現在怎樣啦？」他們會故作鎮定，漫不經心的說：「很正常。」並以物質財產作為其成功的佐證。

社會學家一直在警告我們：現代生活方式可能以人性的泯滅為最後結果。哲學家也在提醒我們：先認識自己，然後再往上爬。然而，專家並沒有為我們提供確實可行的辦法，以幫助我們瞭解自己，改善困境。因此，直到現在，很多知識份子、青年學生還在爲自身價値所苦惱，還在被「我是誰」之類的問題所困惑。

這是現代社會面臨的重要課題。

你是一個個體，有自己的理解、對世界的看法，以及對理想生活方式的見解。對這些問題，有的人也許沒有一定的答案，但當他們眞正清楚這些問題時，就能明白自己的價値所在，從而建立起自己理想中的生活方式。如此一來，就能聽從眞實自我的指揮，不再是受制於人的傀儡。

建議從下列幾個方面來檢視自己。

(1)身體基礎

身體與心理關係非常密切。一旦身體遭受疲勞、酒精、疾病的侵襲，心理也會受到干擾。

自古以來，人類就相信心理對於身體有好和壞兩種影響，沒有人會爭論「人的行動就如同他的思想」這一信條的正確性。儘管如此，我們還是應該承認：不論思想多麼高

第三章
從新的起點向上攀登

倘，身體還是要靠食物、休息和良好的精神狀態來保持元氣。只有擁有好的身體，才能夠具備足夠的奮鬥力。

因此，要認識自己，要先認識自己的身體。現代人的身體是百萬年來人類進化的結果，是爲了適應各種不同的環境所演化而成的。人類的肌肉和循環系統，並不是爲了讓你過平靜的生活而創造的；消化系統也不是爲了讓你節食，或只吃一些人工的精製食物及毫無營養價值的人造食品而設計的。

人體的細胞和器官，可藉由運動增強其功能。細胞和器官的健康，要靠心臟、肌肉、動脈血管、毛細血管等，把健康的血液輸送到全身。適當做些激烈運動，是恢復體力、維持健康的理想方法。還可以藉著騎車、游泳、健身、跑步等多樣化的活動來充實生活，以及改善呼吸系統，促進血液循環。

當然，人體必須仰賴食物滋養、強化、重建。食物是人體必需的維生素、礦物質和其他營養成分的來源，它不僅能讓我們精力充沛，還能幫助我們抵禦各種疾病。

人體不可能永遠完好如初，倘若身體感到不適，就應該去看醫生，定期檢查保養，接受先進醫療的救助。在這樣的前提下，再加上運動、營養，就能爲新的奮鬥打好「物質」基礎了。

(2)精神旅行

「精神旅行」是一種使人忘卻世事，與自己的內心世界進行交流的簡單又有效的心理運動。這種活動由來已久，人人都能做到。

現在，我們一起來做一次「精神旅行」。首先，將身體完全放鬆，閉上眼睛，消除雜念，然後，慢慢找出內在最恬美、寧靜的地方。最初可能要花費不少時間和努力，才能找到這塊「綠地」，但是經過幾次練習後，一閉上眼睛就能達到這個境界。

如果你不知道如何放鬆自己，可以先坐在一張舒適的椅子上，把腳放在地上，手輕鬆地擺在腿上，然後閉上眼睛，均勻且深呼吸。這時，每呼出一口氣便能讓身體放鬆一點。之後，將注意力集中在身體的某一點，如丹田上。握緊拳頭，收縮前臂的肌肉，當感覺到肌肉緊張時，把手鬆開，自然下垂。在進行上述的運動時，千萬記住：放鬆，放鬆。

這種運動每天都可以做。先放鬆手，再用類似的方法放鬆腿、背、腹部、胸部、頭。等到熟悉這些運動，能輕鬆地進入鬆弛狀態後，就可以練習把思想貫注於平靜的美景之中，或者和眞實的自我在一起，什麼也不想。如此一來，你就能輕鬆進入忘我的境界，睜開眼睛後，一定能夠感到身心煥然一新。

瑞德是一家超級市場的經理，他和太太及兩個小孩住在市郊。每天搭公車上班，每次一上車，他就會閉上眼睛，進入內在的平靜之中。當他到達目的地後，就帶著一種從休息、凝想中得到的安然，展開一天的工作。瑞德有時一天會進行幾次這種「旅行」。在工作特別緊張、繁忙時更是如此。他發現，這種活動使他精神愉快，而且工作更有效率。

這種「精神旅行」曾幫助不少人改變生活。這種「旅行」有助於擺脫縈繞於心的思慮，增進睡眠，同時教你如何接受、享受情緒，而不是和情緒作對。就像有人說過的：「憂傷來了又去了，唯我內心的平靜常在。」

保持鎭靜才能控制自己，使你往上爬時不至於手忙腳亂。

(3)生活伴侶

列表，曾幫助過許多健康人發現生活的樂趣，也幫助過許多遭受困擾的人找到解決問題的辦法。現在，就把自己最喜愛的活動寫下來，貼在牆上吧！

第一張表應包括生活中的趣事、愉快的經歷、難忘的回憶，或者任何使你感到滿足的事情。在列表時，最需要斟酌的是，乍看似乎很不錯，但實際上卻不能讓你滿意的事情。

如果你買的車子必須經常保養，讓你覺得很煩腦，就把這一「樂事」刪掉。如果你覺得保養車子也是一種快樂，那麼這件事就應該列在第一張表裡。再想想生活的其他方面，像愛情、工作、娛樂，哪些曾令你印象深刻。每隔幾天就回想一下，把所有想到快樂的事都列在表上。

當你覺得這張表已十分完備後，就把那些你認爲值得每天要做或至少經常做的事圈出來，列在新表上。這張新表必須包括你能做而且喜歡做的事情，如烹飪、划船、下棋、繪畫等。但要剔除那些一年難得碰上一次的事情，如收到聖誕禮物、彩券中獎等。

第一張表提供充分的資料，使你清楚哪些事使你快樂；第二張表則是生活的伴侶，每天看一看，就能漸漸使生活充滿樂趣。你會發現，自己並不僅僅在做一些普通的事情，而是在做快樂的事情。這些事情，即使不能達到預期的效果，至少也能讓人得到短暫的滿足感。還有，如果你覺得做另外一件事更加愜意，就不要猶豫。如果你想在第二張表裡列上其他事情，就把它們加上去，但如果有些事情並沒有爲你帶來預期的快樂，就刪掉它。

除了使你每天的生活都很愉快，列表還能帶來很多新的東西。先試一個時期，你會發現，按照這張表所指示的方向去行動，生活會有很大的改變。

在每天有限的時間裡，表中列舉的那些快樂的事情會把灰色、不愉快的事情棄之於生活的圈子之外。即使是根深蒂固的惡習，諸如抽煙、酗酒等，有時也會被這些愉快的事情洗滌掉。

(4)減輕負荷

很多人因爲太過沉緬於已經逝去的時光裡，浪費了大量的時間和精力。就像生活在陰暗的陰影下，過去的錯誤、誤會、悲劇永遠困擾著他們。這些人認爲：他是父母的、環境的、社會的產物，是由他的過去演變而來的。他命中註定要在現實生活中，背負自己不幸卻又不能忘懷的過去。於是，整天處於困擾之中，得不到休息，也得不到安寧，更無法顧及事業、工作、健康。這些人超負荷地奮鬥，堅持不了多久便會倒下。

金是一個深情的男子，有一個不算漂亮但很有魅力的妻子。夫妻倆非常恩愛，生活也很幸福。

然而，好景不長，金的妻子在一次車禍中過世了，腹中還懷著他們愛的結晶。好日子從此離開了金，儘管他又娶了一個漂亮可愛的妻子，但每天回到家裡，逝去的妻子就佔據了整個身心，甚至在和新的嬌妻做愛時，會以爲在懷裡的還是那個已經過逝的前妻。

第二個妻子終於離開了金。他們分手前，她對金說：「我看，你最好去蠟像館買一個女人，每晚抱著她。」

我們大家都一樣，忘不了過去的美好時光，更忘不了過去的難堪與悲劇。但「人生是階梯」，我們爲什麼不去想想過去的快樂和成功呢？

第三章 從新的起點向上攀登

遺憾的是許多人一直生活在「我很不幸」、「我很倒楣」、「我很苦命」的陰影中。他們像悲劇中的角色，渾身充滿悲劇色彩，給別人不祥之感。他們認為自己的奮鬥比別人辛苦，一遇到麻煩就低頭認命。

其實，當你堅持說不能爬山的時候，只是表明：到現在為止你還未曾爬過山。如果我們只是重複以往的經驗，就永遠不會成功，不會進步。

你有過過失，沒關係，只要不重蹈覆轍就行了；你有過不幸，沒關係，只要這種不幸不要延續下去就行了。人類生存的目的，不是沈緬於無止盡的反省、自責、回憶之中，而要著眼於今天，快樂地活下去。

(5)英雄角色

英雄通常可以根據自己的自由意志，採取不同凡響的行動，超越別人對他的期望，或者無視別人的反對。

要成為自己的英雄，首先必須探尋潛在力量，把它發揮出來。現在，先勾勒出你心目中英雄應該具備的特質。堅持自己的信仰而置別人的指責於不顧的人是英雄嗎？如果是，那麼你也可以這樣做。朝著有意義的目標而努力工作的人是英雄嗎？如果是，那麼你也可以依此行事。切記，在開始每一次創造性或決定性的行動之前，都要鼓勵自己：我做得到，我一定做得到。

一個癮君子，若覺得自己是此癖好的犧牲者，而毅然決然地戒掉這個壞習慣，那他就成了自己的英雄。一個三心二意，今天學繪畫，明天學彈琴，後天練跳舞的人，能長期致力於一件事情，那他也成了自己的英雄。

偶爾，你爲了維護自己的權利而頑強地抗爭，你也能成爲自己的英雄。

有個人買了一輛車子，剛開車上路就出了毛病，經銷商拒絕換一輛新車給他。於是，這個人就在車身上畫了一個黃色大檸檬，然後把車子開到經銷商的營業部。買車人不尋常的抗議方式，引起他人極大的關注，最後，他如願以償，得到一輛極爲滿意的新車。他成了自己的英雄，也成了他人的英雄。

做自己想做的事情，以自己扮演的角色爲傲，就會成爲自己所欣賞的英雄。

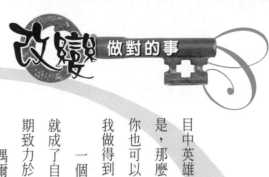

(6)自我嘉獎

每個人都需要別人的贊許，贊許是一種強而有力的報酬與鼓勵。但是光靠別人的贊許還不夠，我們還需要自我判斷和自我報酬。

自我判斷和自我報酬，會導致從受別人指引變成聽從自己內心的指引。一個人若不經常增加自信心，而是永無休止地尋求別人的贊許，那麼，他不能保護自己的特點，也不能保護自己的才能。所以，要適時自我獎勵，使自己的身心感到滿足和快樂。

瓊是一個作家，靠投稿維持生計，她給自己訂一個目標：每週寫兩萬字。達到目標，就去附近的中國餐館大吃一頓；如果提早完成，就去海邊過週末。幸運的瓊，每到週末，不是在唐人街品嚐中國菜，就是在海灘上曬日光浴。

自我報酬，有別於自我陶醉。要實行自我報酬，就必須正確評估自己的能力和目標的關係，並藉此強化希望強化的人格。如果你的所作所爲、所做的判斷，與你擁有的能力相符，就意味著你可以告訴自己「我的確做得很好」。當你的內心被這種內在的詮釋所激勵時，就會感到滿意，甚至得意。

每當你做了一件令自己感到驕傲的事情時，可以仔細地品嘗勝利的滋味，讚美自己。同時，細細玩味其中的快樂。某位名噪一時的歌手最後以悲劇結束一生，究其原因，就是因為在舞台上，他需要以觀眾的掌聲來肯定自己，但卻從來不曾聽過自己的掌聲，所以就以戲劇化的方式離開表演的舞台。

(7)無償服務

格倫費爾曾說過這樣一句話：「我們為別人服務，事實上是為我們在地球上所占的一席之地付租金。」的確如此。

當傑理還在醫學院就讀時，班上大部分的同學都熱衷於研究當時最流行的疾病，如肝炎、梅毒等。傑理研究的是肺結核，他非常害怕自己感染肺結核。

一天晚上，他接到一通緊急電話，要他立即去急診室。他跑到急診室，看到一個剛吐過血的老婦人，除了患有肺結核外，還有肝硬化，脈搏非常微弱。傑理試圖用吸痰器把血從病人的喉嚨裡吸出，但沒有成功，只好施行口對口人工呼吸。

後來，傑理回憶道：「回到住處，我在鏡子裡看到血跡斑斑的自己。突然間，我發現自己在整個搶救病人過程中並不害怕。」

「那晚，如果我全神貫注於我可能會染上的結核病，我可能充滿疑慮，無法做出正確的判斷與急救處治，可能因而導致老太太回天乏術。毫無疑問地，我對結核病的恐懼被剎那間產生的責任感驅除了。這件事使我認清自己存在的價值，原來我是個對別人有幫助的人。」

助人使自己的人格得到昇華，如果你以幫助別人爲樂，或爲了某件你認爲値得的事情貢獻力量，並且不期望獲得別人的感謝和社會的讚揚，那麼，你已經變成一個眞正的人道主義者，你將更加清楚你是誰，你能做什麼。

三、如何順著合適的梯子向上攀登

有人把等級制度比喻成樓梯。的確，樓梯和等級制度有共通之處。例如，等級制度和樓梯一樣，是向上攀登的工具，爬得越高，危險性越大。不過，這二者之間也有許多差別。在等級制度裡，你是否有資格晉升到另一個級別，不是由你個人決定。而爬樓梯則不然，你想爬就可以往上爬，只要不怕掉下來。

學校裡的年級制度和爬樓梯很相似，智力足夠的學生需要且也只要在一個年級花一年時間就能夠升級。只有在極少數的情況下，學生才被允許跳級，或被迫留級。

在年級制度裡，高年級比低年級更難應付。智力優異的小孩也許能輕而易舉地一步步升上去，但學業成績差的孩子，就不得不拚命掙扎，而且就算努力，也可能還是要留級，或因跨不過某個年級而遭退學。由此可知，有能力升到某一級，並不能保證你能成功地達到更高的一級。

任何一個組織的成員，都可能發現自己處在不能勝任的等級上。一個資歷和才能適度的人，平時能有效地管理他的經濟，可是在繼承了一大筆遺產 以後，可能會手足無措。

在企業、研究機構，或是在其他部門裡，經常可以看到這樣的例子：原本能力出色的雇員，晉升後突然變得錯誤百出。

一個一向擔任廠房主管的工程師，可能被擢升到根據其能力能勝任的公司經理的職位上，或許還能勉強坐上公司的第一把交椅。然而，一旦成爲公司的第一把交椅，他就必須花很多時間處理例行的公務。如果幸運找到一名得力的助手，還能掩蓋自己能力的不足，但問題始終會浮上檯面，他的能力很快就會遭到質疑。

我們常會看到這樣的事例：某個剛剛晉升的雇員，對於新職位顯得無能爲力，但過了不久，便漸漸能夠勝任。事實上，這種情況通常是編造出來的。不稱職者的上級，爲了證明自己的決定沒有錯，會袒護他，並指定具有才幹的下屬來幫助這位新上任的人，並將較棘手的工作交付給其他人。最後，這名不稱職者負責的業務已被削減到其力所能及的範圍，使得他終於能「適應」新的工作。這種做法，只會導致惡性循環，影響公司的運作。

在等級組織裡，一個人一旦進入底層，就會開始往上爬。但是在某些組織裡，阻止某些人往上爬的情況仍然存在。例如，在美國軍隊裡，牧師、醫生及女性擔任戰區司令的機會微乎其微。在政壇上，女性、知識份子、黑人被任命爲高級官員的機會，也比其他人少得多。

職業上的障礙，會阻止某些人進入某些等級。醫院裡的醫生自成一個體系，而技術人員、行政人員、護士、工人等也自成一個體系。最能幹的廚師不可能被擢升爲護士或醫生，除非重新接受醫學專業培訓。而在某些情況下，從一級跳到另一級，或者從一種職業轉到另一種職業卻很容易。例如，律師、軍人、商人、演員等，無須接受專業訓練就能成爲政客。

以上討論的問題對於瞭解自己目前的地位很有幫助，但只是這樣還不夠。

一些傳統產業逐漸消逝，如鐵匠等，因工業文明的到來而漸漸被淘汰。由此可知，精通某一行業的技工，在精通此行業的技藝之前，可能就會發現他向上爬的樓梯已經移動，甚至消失了。既然如此，如果把等級制度比喻成樓梯，那麼，這就是一個可從某個地方挪到另一個地方，可以拉長也可以縮短的樓梯。

鄧德因找不到固定的工作而感到不安。他去拜訪職業顧問古魯夫先生。古魯夫解釋：「這是因爲你學歷低，而且沒有專精的技藝的緣故。」並推薦鄧德去上修鞋課程。

「等你學會這項技藝，就能高枕無憂了。」

然而，當鄧德完成修鞋的全部培訓後，卻發現沒人願意聘僱他，因爲修鞋已經成爲衰落的行業，人們不再修鞋，而是丟棄舊鞋另買新的。鄧德花費很多精力，爬上的卻是一個連自己也支援不了的樓梯。

活動式的樓梯，對等級制度有兩大影響。其一，如果某些樓梯不能再立起來，或者即將消失，那麼，對於新來的爬梯者而言，其立足點可能就是終點。其二，如果樓梯的間隔增大，那麼，上升一級的步伐須邁得更大，遇到的困難就會比過去更多，無法勝任新職務的可能性也會大幅增加。

在等級制度裡，一個人能否向上爬，並非完全取決於爬梯者，而是與衡量的標準有密切的關係。

依工作決定晉升

有的組織全憑雇員是否能達到預定的目標來決定升遷。在這類組織裡，能力就是以做了多少工作來衡量。這種制度並未被廣泛地採用，因爲確定工作的標準和認定工作的質量非常困難。

憑偏好決定晉升

偏好可分爲兩大類：公平的和個人的。在公平的偏好中，構成能力的要素眾所周知，且已成爲職員行爲處事的準則。例如，某些公司不願擢用肥胖的職員，而另一些公司只提拔那些穿制服的員工。在這種情況下，能力被定義爲：合乎公司的規定。

依個人偏好，也就是依個人好惡擢升，幾乎談不上有客觀的標準。門德柏是一家皮包公司的董事長，他的女婿是總經理；南丁格爾因爲在教會唱詩班充當領唱，一下子從獸皮部的採購員升調爲運輸部的經理；萊特因支持門德柏喜歡的市長候選人，從銅工升爲領班。這些都是依個人偏好決定擢升與否的事例。你能否升級取決於你跟誰結婚、會不會唱聖歌，以及你認同誰的政治立場。在這種情況下，能力的定義是：能否迎合上司的喜好。

依資歷決定擢升

很多協會及其他專業性組織，通常會依資歷決定員工的升遷，藉此避免以個人偏好爲升遷標準而造成不公。

20世紀初期，美國某城市消防隊隊員的雇用、撤換、升遷，均由市裡的神父決定。

第三章 從新的起點向上攀登

有一次，年老的隊長因病住進醫院，大家推舉一個能力很強的區隊長代理隊長職務。幾個月後，隊長因年滿65歲，按規定退休。大家預料代理隊長會被擢升爲正式隊長，可是，依資歷規定，還差4週就滿65歲的多德琳被任命爲正式隊長。儘管在他上面還有爲數眾多的區隊長、小隊長、副小隊長和班長。

在這樣的組織裡，年齡就是能力。

在全憑年齡資歷升遷的組織中，共同的特點就是職員們做事小心翼翼，不願冒任何風險。而與這種缺乏冒險精神同時而來的是一種高度的滿足感，因爲人人都有可能成爲領袖人物。

當然，決定晉升與否的標準並不限於上面列舉的幾種。但不管怎樣，你都應該瞭解：你所在組織的晉升標準是什麼？這是你向上爬的基礎。

常有人問：「爲什麼大家都如此賣力地往上爬？」「人爲什麼這樣喜歡競爭？」其實，你現在的處境就是你參與社會競爭的結果。不是嗎？

人一來到這個世界，就不得不和其他人較量。一些好勝心強的父母，對孩子照顧得無微不至，給孩子更多更好的玩具、衣服，讓他們讀最好的幼稚園，吃最好的食物。結果，當孩子正式走進學校之前，他們已經深植錯誤的觀念，認為自己是消費者，得到的玩具、衣服、食物等，與別人的贊許有關，同時也與自己的表現有關。

在學校，他們每做一次作業就能得到一個成績，藉此瞭解老師對自己的態度與評價。他們在老師、同學和家人心目中的地位，是由其在學校裡的成績決定的。學校本身就具有完備的等級制度，學生在某一年級的成績，成為他進入下一年級的資格證明；有了這一證明，他就能繼續往上爬，直到獲得學位為止。

在孩子性格成形的那幾年，被灌輸「持續往上爬」的觀點。按時完成作業、考試得高分、比賽獲獎，在體育、辯論、社交方面勝過同學。久而久之，出人頭地往上爬的思想就滲入他的骨髓裡。

當孩子大學畢業，置身社會組織時，他並沒有把家庭、學校對自己的影響抹煞掉，會以加薪、晉級、贏得社會聲譽為滿足。

現在的孩子就是這樣被訓練長大的。在他們眼裡，生活就是爬樓梯。

有些人認清這一點，決心退出這種和自己過不去的格鬥，嘗試更富價值、更有意義的生活。

第三章
從新的起點向上攀登

不幸的是，大多數人都還沉溺於過去的價值而不自知。對於這樣的人，只有在非常時期，如身體癱瘓、面臨死亡威脅等，才會審視過去的日子到底給了他什麼。也許，他可能感受到夕陽的美好、親人的關懷，重新體會鳥語花香和鄉村景色帶來的感官快樂。在這時，他才開始認識生命中最有意義的事物、仁慈的天性、美麗的景色、助人的樂趣或平靜的生活。如果他能恢復健康，獲得第二次生命，他就可能會一改過去的生活態度。當然有另一種可能，就是他重新回到樓梯上，回到以前那種不斷爬樓梯的生活。

接著，來看看別人得到了什麼？

當生產部經理比爾獲得晉升爲總經理的機會時，他拒絕了。因爲比爾權衡之後發現，前任總經理獲得的報酬是每天10小時以上的緊張工作，長時間出外巡視，外加胃潰瘍。

因此，當你獲得晉升的機會，或爲晉升而奮鬥時，最好仔細思考一下，晉升的後果是什麼？得到更多的財富、權利、聲譽後，生活會變得怎樣？這些報酬能使你向更高的目標邁進嗎？會給你帶來長久的滿足和內心的寧靜嗎？好好想想這些問題，你就知道要適可而止，不會好高騖遠了。

有的人循規蹈矩，小心翼翼，別人怎樣想，他也怎樣想，別人怎樣做，他就怎樣做。他只是滿足於遵從社會標準，毫無條件地讓社會支配他的行爲，從不想一想自己爲什麼老覺得不滿意，老覺得生活沒有什麼樂趣。

吉米爲了不得罪人，從不對別人的所做所爲表示異議。他只買標準牌的產品，看過簡介後才去看電影。他對老闆唯命是從，每當老闆說那些講過好幾十遍的笑話時，他還是哈哈大笑，裝得很開心。漸漸地，他變得毫無主見，不知如何應付這個社會。

大眾產品、大眾宣傳、大眾消費主義、大眾狂熱使寶貴的個性無影無蹤。誠然，社會應追求一致性，但如果這種一致性意味著每個人都一模一樣，那麼，這個社會又有什麼趣味呢？

請記住，自己引導自己，不要讓別人來主宰你。一個改變自己以求適應大眾的人，最後會變得一無所有。

一般情況下，組織不可能把一個無能的人提升到他能力不及的職位。但是，一些名垂青史的偉大領袖，最初都是從「無能」的隨員做起。有的人在讀小學時，就和學校發生衝突，而且老是挑戰校規。在他們早年的生活中，也經常因不服從而遭解雇。在正常情況下，這樣的人永遠當不了領袖，但隨著戰爭或社會動蕩的來到，等級制度被破壞了，那些多次遭遇失敗的人，積累了經驗，從而變成了卓越超群的領袖。

當然，每個人都可能會有這種平步青雲的機會。

萊特對於抄寫工作毫無興趣，一直得不到晉升的機會。不料，公司的主管全被一種流行性疾病傳染，住進醫院。他被任命爲代理經理，並表現出非凡的領導才幹。隨後，他得到一個眞正的經理職位。幸運的萊特，現在他可以把抄寫工作讓給下屬去做了。

布朗克是羅康特百貨公司的售貨員，因爲不贊成中級主管認可的售貨方式，一直得不到升遷的機會。後來，他另覓途徑，加入當地環境保護協會，並被選爲主席。他經常利用業餘時間主持大型且有益的社會運動：教人民如何淨化城市。羅康特百貨公司董事長很欣賞他的領導能力，不久就請他出任公司的經理。

我們需要機會，無非是需要一個表現自己、證明自己才能的舞台。事實上，這樣的機會很多，學校裡的講台、平常的待人接物等，既是學習的機會，也是自我表現的機會。千萬不要小覷這些契機。

不要有懷才不遇、生不逢時的想法。只要你是錐子，哪怕被人放在口袋裡，時候到了，也會露出尖鋒來。

四、如何找到正確的努力方向

爲了使潛能得到最大的發揮，就要跳過更高的障礙物。但是，在開始跳躍之前，要先看清楚周圍的環境和方向。遺憾的是，很多人並沒有先做好這個預備動作。直到跳完後才發現，他碰到的根本不是跳桿，而是什麼都沒有。

1、心目中理想的大人物典型

一個人對自己的看法包括很多方面，如對自己的體能及社交情況的瞭解，對性的看法，對智力的評價等，這些都和生活的目標有關。

你覺得自己能發展成人格健全的人嗎？你瞭解等級制度對自己的影響嗎？你明白自己是如何被塑造成今日的樣子嗎？如果你能夠正確且切實的回答這些問題，那就表示你對你希望自己成爲什麼樣的人已有了清楚的認識。

爲了加強你的自我觀念，不妨一開始就把自己想像成一個不平常的人，把自己想像成一個不受廣告宣傳、大眾輿論和社會壓力影響的人。一旦確立自我概念，就會不斷地湧現出屬於自己的新思想。如此一來，你那與眾不同的觀點，就會獲得關注，使別人對你刮目相看。如果把思想比喻成一列火車，那麼你的活力和快樂，就是靠這列「思想列車」的方向而來的。

只要擁有堅定的自信，就一定能成功，甚至成為理想中的大人物。

2、展示能力的途徑

不管你在哪裡工作，都會有展示能力的機會。並非只有捕鼠公司的經理才能發明性能優越的捕鼠器，事實上，如果你是經理，根本就不會有時間去想如何製造更好的捕鼠器。

要做你最勝任的工作。如果你是社會學家，在遇到社會問題時，就要充分運用你所掌握的知識和調查材料，提出可行的辦法，藉此證明你的能力；如果你是科學家，就要運用你的知識和發明來贏得人們的尊重；如果你是作家，就要利用你的寫作能力描寫美好、揭露醜惡，讓社會承認你的貢獻。即使你的工作不理想，也要致力於對社會、對他人有益的活動，多做貢獻，並藉此展示自己的才能。

3、切記「得要償失」的準則

伽瑞把大部分閒暇時間都用在加州家裡的花園中。花園、花園裡的游泳池，使他有足夠的地方運動，並提供一個恬美、安靜的環境。但是爲了升調到曼哈頓的公司總部，只好放棄這一切。現在，伽瑞做戶外活動的時間愈來愈少，而且每天上下班搭車的時間愈來愈多。他的生活變得非常乏味。

很多人就是這樣，在面臨選擇時，經常迷失方向。本來，他應該在下一個十字路口向西走，但到了十字路口，卻因見東邊的馬路上車水馬龍，人頭攢動，就跑過去湊熱鬧，以長久的快樂換取暫時的滿足。

4、尋找新途徑

現在社會已確立的等級制度，並不能讓所有的人滿意。如果你也不滿意，無妨看看是不是可走一條別人沒有走過的路。

提夫是一家職業介紹所的法律顧問，他發現，他的主顧從來不考慮黑人申請者的申請。於是，他開始調查黑人在社會上的就業機會，這使他開設了一家專門爲黑人服務的職業介紹所，結果獲得了空前的成功。

現在，許多人紛紛離開既定的圈子，去尋找新的職業、新的滿足。一個醫生離開醫院，去當作家，他的動機並不是追求金錢。和大多數人一樣，他只是厭倦手術刀，想嘗試新東西。

如果你有豐富的想像力和冒險精神，或覺得對現在的崗位力不從心，那麼不妨換換環境，接受新的刺激，以激發新的動力。

不過，這麼做可能使你失去一些朋友，並承受來自各方的壓力。因此，你必須估算你可能遇到的麻煩，以及將來要遭遇的競爭，並在此基礎上決定自己的去留。

5、預測自己的能力

當你得到一個晉升機會，或是遇到重大的轉折時，不要因此改變你原來選擇的目標。許多人因爲不能拒絕外界的誘惑，所以每次一換工作，就更換既定的目標，導致迷失方向。貪婪雖然能使人得到能用金錢買得到的東西，卻常常使人失去用金錢買不到的東西。

將擢升當成檢驗能力的方法時，必須以爬到能力所不逮的階層作爲代價。當你發現自己無法勝任晉升後的職務時，應該趕快回到原來所在的等級，當然，實際上並不會這麼順利。最糟的情況是，可能會因此被淘汰。

既然如此，你在爬升之前，要先掂量自己的分量，看看自己是否能夠勝任新的職務，看看新的工作能否帶來夢想和快樂，看看自己能否達到更高的層次。

切記，有一種東西比能力更稀少、更美好、更難得，就是認識能力的能力。

6、不要只看表面價值

有一間食品進出口公司的老闆雖精明能幹，對進出口貿易卻一竅不通，所以公司營運狀況非常不理想。

美希商科學校畢業後，應聘到該食品公司當業務員。她表現出色，且任勞任怨，別的業務員搶不到的客戶，她總能夠爭取到訂單。

她爲什麼願意在這種看來沒有前途的公司工作，讓人匪夷所思。她說：「公司有沒有前途是老闆應該考慮的事情。至於我，有機會學習、磨練、發揮，已經心滿意足了。」

很多人喜歡抱怨現在的工作，卻不懂得利用機會好好充實、鍛鍊自己。以消極的態度對待工作，對事業、對生活都沒有好處。

中國春秋時代，在敬祭河神時，只要是白額的牛、高鼻子的豬、有痔瘡的男人和醜陋的女人，都不會被巫師投到河裡去祭神，因爲他們被認定是不祥的象徵。

戰國時代的支離疏，是個長相極醜的男人，駝背、矮小、雞胸，五官不正。他做針線活或替人洗衣服，可以養活自己；外出替人算命，可以養活10個人。因爲戰亂，官府到處抓兵，支離疏卻可以大大方方地在街上穿梭，沒有人會抓他去當兵，也沒有人會讓他去服勞役。而且縣府實行貧戶救濟時，他還因爲被列爲一級貧戶而得到資助。

因此，表面上的「運氣好」、「運氣不好」、「有利」、「不利」等，本身並沒有什麼意義。唯有懂得超越表面價值的人，才是擁有眞正的大智大慧，才能把壞事變爲好事，不被表面價值的陷阱所引誘。

7、做個追隨者

莉莉小姐進入某電腦公司國外部，名片上印的卻是「國外部業務助理」。4年來，名片上的頭銜換了好幾個。不久前，朋友發現她的名片上印的是「國外部經理」。她很興奮地說：「公司的現任總裁是國外部從前的經理，是他提拔了我，否則，我恐怕還是4年前的助理呢！」

莉莉很幸運，遇到她的伯樂。如果你有幸碰到喜歡拔擢的主管，千萬別放過，好好地追隨他。當不好追隨者，當不上領導者。

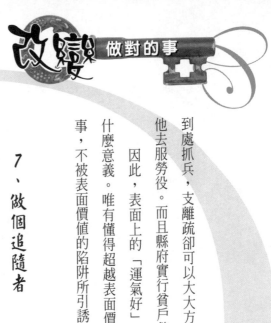

第三章

從新的起點向上攀登

那麼，我們該如何「追隨」呢？

第一，讓你的主管認為你創意多。如果主管徵詢你的意見，你卻一問三不知，久而久之，他就會認為你能力不足，開始疏遠你，你將因此失去依靠。所以，最好有問必答，而且要答之有物。在適當的時候，還要勇於提出建言。

第二，與主管或同事意見分歧時，要盡力排除，這樣你才會有好人緣，別人才會認同你，而不是排斥你。一旦有晉升的機會，同事會支持，主管則會為你開路。

第三，公正處事。你對形勢的觀察，應立足於事實之上，而不是個人的偏好。在處理問題時，盡量避免受個人情緒的影響。

第四，發現主管需要協助時，及時伸出援手。

第五，明白地表示，你隨時可以接受任何特別交辦的任務，並讓你的主管知道你在做什麼。

如果按照上面所說的原則和主管相處，仍然得不到應有的重視，那麼，問題在你的主管而不是你。這時，不要猶豫，盡早去查閱報紙或網路上人力銀行的招聘廣告吧！

五、如何避開暗礁陷阱

很多東西只有在失去時，才知道它的珍貴。一個人的能力也是如此。我們應該排除外界的干擾，保持前進的方向。

1、抒解陞遷的壓力

抒解陞遷壓力最有效的方法，就是假裝對新職位無法勝任。

比爾主持傷殘兒童教育中心已行之有年，這是比爾的夢想之一，它帶給比爾直接觀察之便，使他有條件完成既定的研究計劃。除了希望繼續這份工作外，他別無他求。

學校想請比爾擔任系主任，但是他對系主任一點興趣也沒有。於是，當教務長向他詢問一個技術問題時，比爾從抽屜裡拿出一支鏢，射到立在辦公室桌上的鏢靶上，然後記下鏢靶上的分數，交給站在一旁困惑不解的教務長。

這個分數和他的問題沒有任何關係，但卻使比爾的長官對他的能力大為懷疑而不再提升他。

又有一次，在教授會議上，同事們勸比爾出來當系主任。比爾不好意思反駁他們的好意，只好保持沈默，過了一會兒，便不了了之地進入下一個議題。

這是一齣獨角戲，如果你要演，就要注意：第一，這齣戲無損你原有的能力，只是讓別人覺得你不適合當官，或不適合做某件事；第二，演戲時要聲東擊西，使別人分心於與議題無關的問題；第三，不要使別人難堪，要讓人有台階下。如果你的戲符合這三項標準，而且看起來很自然，就能得到預期的效果。反之，如果過分做作，就會被人當成小丑，能力遭到質疑。

2、繞過陷阱

有些事情不要看得太認眞，要懂得轉彎。

有一次，約翰的上司寫了一篇有關學校前途的文章。他知道約翰對這個問題頗有見解，於是送來請約翰看看。

約翰知道這是一個陷阱。試想，如果他把約翰的評論拿到教授會議上，不等於他對教授們說，他對學校的發展有獨特的意見，完全勝任他們想讓我擔任的職務。

結果，約翰回了一封信，讚美對方寫了一篇這麼好的文章，並在文中表達對當今社會風氣的憂慮。他的文章只順便提了一下學校和社會風氣的關係。

如此一來，他的上司就無法拿他的回應大作文章了。

3、裝瘋賣傻

日常的書信往來、閒聊，都應言簡意賅，盡量用常用詞和簡單的陳述句。能否和同事進行有效的溝通，是決定你能否勝任某個職務的關鍵；而能否以精確簡明的方式表達自己的意見，則是領導者必須具備的基本條件。

如果你的高談闊論使你陷入力所不能及或自己不感興趣的階層時，最好施放煙幕彈。

例如，在等級制度裡，能幹的雇員容易受到不論勝任與否的輿論的侵擾。如果你的表現出色，又和長官們很投緣，那麼他們就會被你「吸」過來，叫你整天寫報告、和他們聊天，以至於你無法把分內的工作做好。在這種情況下，最有效的防衛方法是丟煙霧彈，讓那些干擾你的人迷迷糊糊，摸不清頭緒。

學校為了獲得政府的財政補助，每年都要寫很多官樣報告或申請表。下面的例子告訴我們，在填寫申請表時，如何施放煙霧彈。

問題：選擇給予獎學金的學生的評定標準。

回答：清楚自己的能力和自己的社會責任，經常調整自己扮演的角色，使自己和社會融為一體的學生。

問題：這筆款項將如何分配？

回答：把獲得的資金用於修建實驗室、購買電腦，加強地理學、天文學、氣候學方面的研究，提供資深教授參加學術年會的旅費。

這些雖是教育上官樣文章的例子，不過，各行業的官樣文章其實大同小異。

就像你認識一些詞彙，卻不理解它們所表達的意思。世界上有兩種官樣文章：一種令人難以理解，另外一種容易使人產生誤解。無論你使用哪一種，只要恰到好處，就能使提問的人猜不到你的真實意圖。

因此，如果你的能力受到外界的威脅，心靈為憂慮所困擾，就趕快施放煙霧彈吧！

六、如何平衡激情與理智的爭鬥

人類因具有理性而有別於其他動物。理性不同於智力，而是運用智力的工具。簡單地說，理性就是追求合理。

一名有經驗的駕駛在山路上行駛，如果碰到阻礙交通的馬車，他會飛快地把車開到碎石路旁，然後滑過鬆軟的碎石路，最後在正確的控制之下把車開回正路上。不過，就算是開車技術很熟練的人，遇到這種情況，還是需要一點時間從震驚中回神，甚至會爲自己迅捷的反應感到驚訝。

當然，如果是沒有經驗的駕駛員碰到這種情況，可能就難逃翻車的噩運了。

因此，平常在面對問題時就應該理智的研擬解決的步驟，眞正發生狀況時，才能夠正確的反應。請參考下列的做法。

第三章 從新的起點向上攀登

1、合理計畫

擬定合理的計畫之前，先問自己三個問題，而且你的行動須和回答一致。

首先，認清自己的處境。你的任何決定，例如進修、結婚、離婚、換工作、做生意、退休等，都要建築在實際情況的基礎上。

避免從不熟悉的領域著手，必須在目前的情況下起步。你對現狀的評估，會告訴你是否需要改變，是否要採取大動作。

其次，確立目標。認清自己的處境後，確立自己的目標或希望到達的領域。如果你決定改變，就必須考慮改變後的情況；如果你決定解決問題，就必須思考解決問題的方法。

確立目標後，利用你所能支配的時間、金錢去實現目標，並及時評定實現目標的可行性。如果你發現這一目標並不可行，就要及時採取修正措施或放棄這個目標。

越戰期間，美軍遇到很多困擾，尼克森總統要求咸士摩蘭將軍向他報告越戰戰況。

「將軍，我們在越南的目標是什麼？」總統問。

「征服和平定敵軍。」將軍振振有詞的回答。

「要如何做？」

「需要40萬大軍。」

「去年這個時候，你說只要20萬就能完成你的計劃，我給了你20萬人，你平定了多少敵軍，有沒有過半數？」

「事實上，我們到達後，抵抗力量增加了一倍。要想平定一半，非常困難。」總統答道：「既然20萬軍隊產生了雙倍的抵抗力，那麼，40萬軍隊將會有四倍的抵抗力。我認爲繼續派遣軍隊到越南不是明智之舉。」

就這樣尼克森下令從越南撤回美軍，在尼克森看來，「平定敵軍」的目標不可能實現。

第三個問題是，擬定達到目標的方法。許多組織、企業面對如何實現目標總是束手無策。銷路不暢時就增加推銷員，卻不檢查他們的生產線；客戶退貨增加時就增加質量檢查員，而不研究工廠的生產機制。實際上，推銷員不會增加需求，而只知從中牟利；

檢查員不會提高產品質量，只會尋找缺點。

這三個問題使你把注意力集中在起點、終點和過程上。即使你一時無法做決定，但只要仔細回答這三個問題，自然能夠理出頭緒。

2、合理決策

做決定的時機與能否成功大有關係。在馬兒進欄之前就鎖門和馬兒跑了之後再鎖門都不合時宜。

賴韋很胖，但他想成為登山高手。他不斷下苦功練習，增加臂力，希望肌肉可以支撐他的體重。他先在住家附近的斜坡上練習，當他覺得有把握時，就去難度稍高的山上測試。在爬到懸崖半途，他突然發現身上的繩子快要斷了。於是賴韋不慌不忙地做出了一個新的決定：下次用粗一點的繩子。他的決定不錯，但為時已晚。

有些人認為自己有條不紊，但別人則認為他過分謹慎，老是猶豫不決。別人認為是輕舉妄動的決定，有些人卻認為是幹練的選擇。毫無疑問，每個人都應該清楚，什麼時候該做決定，什麼時候不該做決定。

施塞和田達都是運動器材製造商，他們希望生產最新的自動滑雪機，趁機從中牟取暴利。

施塞勘察了工廠的位置，發現有5個地方都接近原料產地、有廉價的勞力，便宜的運輸費。因爲這5個地方幾乎沒有什麼差異，施塞對選擇何處一直拿不定主意，只好請教顧問。不料，這次的諮詢竟耗費掉3年。這時，人們對自動滑雪機的需求已大幅減低。

田達以大刀闊斧著稱，未經仔細研究，就著手建工廠。然而，工廠開始生產後，他才發現此處並非建立工廠的理想地點。因爲製造滑雪機的主要材料，要到數百里之外的市場採購。

施塞和田達，一個急躁，一個畏縮，做決定的時機不對，結果蒙受了不應有的損失。

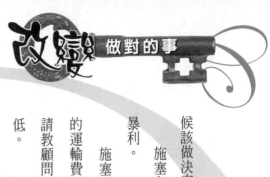

3、理智的堤防

在一所頗具規模的大學裡，學生們對學校的傳統評分制度很不滿。因爲群情激昂，所以學校成立了委員會來研究對策。這個委員會經過討論，提出一些修改意見，但學生和教師都不同意這些意見，校方只好重新組織一個委員會。不料，新委員會研究出來的辦法仍然遭到反對。此時，學生的情緒已達到沸點，甚至出現了過激行爲。

在這種情況下，校方當局只好同意學生自行組織委員會討論評分制度，再將提出的修改建議交由全校師生審議。學生委員會提出的新式評分制度，經過短時間的討論，很快就獲得通過。

委員會主席認爲在提出這個建議時，應該有套說詞來支援。於是大家七嘴八舌地討論用什麼理論來支援這項建議。後來，當主席準備宣佈會議結束時，有一名學生站起來說：「如果大家畢業後沒有成績單，要憑什麼申請進入其他學校的研究所進修？」大家聽了，覺得這點也值得考慮，便指派幾位委員到不同學校的研究所去調查。

第二次會議一開始就由委員們報告調查情況。結果不出所料，所有研究所幾乎千篇一律地答覆：沒有成績單就不能攻讀碩士學位和博士學位。委員們大為沮喪，不得不重新討論。首先，委員會決定撤消原先通過廢止評分制度的建議；其次，認眞而非情緒性地討論現行評分制度的得失。

經過一連串的會議，委員會找到現行制度的缺點及補救辦法：第一，分數造成同學之間的競爭，影響同學情誼。因此，委員會主張，除非經本人同意，個人成績不得提供給他人查閱。第二，按理說，學生應盡量選修自己感興趣的課程，但是大家都怕成績太低，有些課程就不敢多修。有鑑於此，委員會建議：只要學生願意，選修課的成績可以不列入記錄。

這兩點建議受到教師和學生的認同，一場風波終於在皆大歡喜中平息了。

這件事告訴我們：情感經常漫過理智的堤防，讓人不能自制。而這一點正是行爲處事之大忌。因此，行爲處事切忌感情用事。

七、如何對付令你惱怒的人

或許你不是個脾氣暴躁的人，也不會對所有的事都發脾氣，但是總有那麼一、兩個人不是你的老朋友，就是你的鄰居、親戚卻一再地激怒你。

就像凱玲，她似乎總是在侮辱湯姆，不管湯姆做什麼事，她都說能做得比湯姆好，或說另一個人也比他強。她跟湯姆在一起，只想吹噓自己的成就或誇大對他的期望，藉以貶損他，但是這樣做的結果使湯姆更生氣，他不僅受不了凱玲對他的貶損，有時自己也覺得不喜歡自己了。

最令你生氣的人，常常是你最深愛的人，眞正的敵人反而很少使你異常憤怒。理由很簡單，對於我們的敵人，或者對於他何以成爲我們的敵人，我們都非常瞭解。但我們卻經常爲所愛的人找藉口，最後導致爭執的局面不斷發生。

誰會令你生氣呢？你或許已知答案。不管如何，問問自己下列問題：誰令你生氣？他做了什麼事令你生氣？你覺得怎樣？後果如何？如果你老是生某人的氣，那一定是他做了得罪你的事。

下面是8種令人憤怒的行爲，但當事人卻很少察覺到。

(1)老說自己是受害者。例如約翰，他本人不惹你生氣，但是你卻常爲他的處境憤恨不平。因爲他總是跟你說別人如何欺負他、利用他，他的老闆又是怎麼誤解他，計程車司機如何對他口出惡言，他的親戚又騙了他等等，使你也跟著對那些人生起氣來。但除此之外，你根本幫不上任何忙。

(2)謠傳對你不利的事。某人總是告訴你，有朋友或鄰居對你不滿，又要你不要把話講出去。結果，你根本不知道指責你的人到底是誰，只能聽一面之辭罷了。在這種情況下，除了憤怒之外，根本束手無策。

(3)喜歡信口開河的人。例如「下禮拜我開始去爲我們找一棟較好的房子！」、「這星期過後我就要戒酒了！」、「再過一年我們就會有錢了！」。說歸說，卻從來沒有實現過。

(4)將自己的想法強套在別人身上的人。例如某人跟你說了一個故事後，就期望你跟他一樣有憤怒或哀傷的反應。或者他說了一個笑話，自己笑得人仰馬翻，也希望你有相同的反應。

(5)經常找人問問題，或要求別人爲他做某事的人。不管你給了他多少恩惠，或是耐心回答了他多少問題，但他總是沒完沒了，遲早會帶來麻煩。

(6)喜歡雞蛋裡挑骨頭的人。例如某人老是挑你話中的矛盾之處，「上星期你不是說你想見史密斯的家人嗎？」、「如果你不喜歡那個地方，爲什麼三年前要去那裡度假呢？」他有時還會讓你覺得你實在很笨，如：「你難道不知道有可能下雪嗎？」、「你看不出他結婚了嗎？」、「我眞不懂你爲什麼要那樣做？」等。

(7)否認別人有敵意或有不公平的行爲的人。例如你剛從宴會回來，離開了那些令你討厭的人。當你跟某人說你實在受不了那些人所說的話時，他竟然很驚訝地回答：「是你太敏感了吧！」

(8)沒耐心傾聽別人說話的人。約翰講自己的事情就講了好幾個小時，但輪到你要說自己的事時，他卻說：「我得回去工作了。」

對付生活中令你惱怒的人最重要的一點，就是先把自己的感覺實實在在地說出來，若有人想左右你，切記，你跟他同樣有權表達自己的想法。你可以這麼說：「我不覺得這個笑話有你說得那麼好笑。」或是「你可能以為他們很了不起，但我受不了他們猥褻的言論，我不同意他們會傷害到別人的說法。」

遇到動不動就尋求別人協助而不自己努力的人時，你可以跟他直說：「即使是很小的問題，也請你不要再問我了，好嗎？」面對喜歡信口開河的人時，則可以說：「你不要再隨便許什麼諾言了。」如果一時還不能見效，至少也要讓他知道他的行為令你感到不愉快。

指正對方的行為時，要委婉告知，不要傷害他。因為不管對方做那些事的動機是什麼，只要不要一犯再犯就可以了。

當然，事情有時可能不如預期，有些人總是我行我素，根本不管別人的想法和感受。遇到這種情況時，即使可能會影響兩人的友情，還是必須坦言告知，長期忍氣吞聲，最後只會傷到自己。

對方的行為可能是一種無法克制的衝動，明知自己的所做所為會激怒別人，還是會一邊道歉，一邊做那些令人生氣的事。最好的方法是，除了適時提醒，可以幫他找出問題。這樣一來，即使你的朋友無法控制他令人惱怒的行爲，至少可以消除你的憤怒。

例如朋友沒注意聽你說話時，不要立刻發怒，可以溫言勸說，讓他明白你的立場。當有人挑你的毛病時，不要拿你的優點去跟他爭辯，因爲你愈在乎別人的攻擊，這種攻擊就愈會發揮負面的作用。

我們來看看下面這個例子：莎拉常常因丈夫湯姆不注意聽她說話而發脾氣。每天晚上幾乎都是湯姆在說話，不是談他的工作，就是說他的計劃或生活瑣事，莎拉也想插嘴，但最後總是憤憤閉上嘴巴。

莎拉從沒有跟別人提過這件事，甚至沒意識到應該找機會和他溝通。有次醫生發現她身體出現異常，但她沒有告訴湯姆，怕他擔心。事實上，她是怕說了之後仍得不到湯姆的關心，那還不如不讓他知道，這樣她就不至於因他的漠不關心而難過。

惡性循環的結果是，莎拉開始對自己感到不滿。她找朋友訴苦，朋友建議：「告訴湯姆妳眞正的想法，提醒他應該多關心你。」莎拉把心中的想法向丈夫傾訴後，可能會發生兩種情形：第一是她發現她以前完全誤解湯姆。他之所以老是大談己事而忽略莎拉，一方面是因爲他有點神經質，另一方面是莎拉根本不懂得要表達自己的意見。第二是莎拉原先的想法是對的，不管她提到什麼事，丈夫只會敷衍她的事，然後又把話題引回到自己身上。

如果是第二種情形，那麼莎拉應該在丈夫改變話題前，表明自己眞正的感受。藉此提醒他要適時聆聽別人的想法，同時讓他明白，妻子需要他的關愛與照顧。

縱觀上述令人惱怒的事可以發現，問題點都是由來已久。例如常惹你生氣的人，一定是對某件事心存芥蒂而對你採取迴避態度，或常挑剔你的小毛病。這時，你可以直接與對方溝通，若問題在自己身上，就要立刻道歉，不要推委責任（別人跟你一樣有權利不喜歡某些不合理的事情）。

當然，也有可能是對方過分敏感，就像湯姆說的，他一天到晚光談自己是因爲覺得莎拉瞧不起他，「我賺得錢不多，所以你覺得我不如你父親。」莎拉其實沒有這樣想過，並解釋：「眞抱歉，我讓你有那種想法。」不要拿別人的過錯來懲罰自己，委婉點出對方的缺點，這才是正確的態度。

此外，對方有時並不會令你公然發怒，而是讓你產生憂慮。例如下列的情況。

第三章
從新的起點向上攀登

(1)不尊重你。你們是多年的好友，曾擁有過不少快樂的時光，你一直不願承認你倆之間有問題，但他總認爲你對很重要的事情總是不太在乎，甚至說他：「你未免太一本正經了！」或是「你太敏感了！」於是，你說的話經常被曲解，或是慣於不表達你的想法而使他變得悶悶不樂。但若你做的每件事都合乎他的看法，則更易使他這麼想：「你自己根本也不贊同自己的感覺。」因此，你應該把心中所想全盤說出，你沒有必要一定要與他有相同的見解，他同樣應該尊重你的想法。

(2)不公開侮辱你，但間接地輕視你。例如，他總是語帶嘲諷或幸災樂禍，而你卻假裝視而不見。奉勸大家，面對不合理的事情，千萬不要隱忍，而要與對方面對面溝通彼此的想法，讓對方知道他的舉動造成你的不悅。

(3)經常向你挑釁。最好的解決方法是，不要理會對方。適時的規避不必要的爭執，並不是懦弱，而是明智的決定。無謂的衝突，只會傷了和氣。

(4)以其優越感貶抑你。例如你家境小康，但對方出身豪門，話題經常繞著金錢打轉。又如你未婚，而對方已成家，喜歡有意無意吐露婚後生活的幸福。對方大學畢業，你只有高中學歷，但他卻硬要說世人對學歷沒有偏見。顯然，他不是公然瞧不起你，但卻經常提起你的弱點。

(5)暗中設下陷阱。例如老闆告訴你公司裡某人的惡劣行爲，要你說說自己的看法，老闆可能是希望由你這兒得到指控那人的證據。當你不明白對方的用意時，莫名的壓力會讓人產生焦慮的心理。若你知道對方的用意，那麼焦慮之心則可能起自害怕讓他失望。總之，過分在乎別人的想法，只會使自己縛手縛腳，頻頻出錯。

別人如何對待你並不重要，他們只能讓你知道某項事實，你自己的行爲才能決定別人會不會影響你。當然，這裡說的並不是要你不在乎外在的實際人身攻擊，而是要你不要因別人對你的評價或看法而改變自己的處事原則。

即使某人的行爲令你覺得惱怒、驚恐、絕望，只要不過分在意，這些負面的情緒很快就會從心中消失。例如俄國生理學家巴甫洛夫在研究交替反射作用時，搖了鈴後，不拿食物給實驗的狗吃，牠就會停止流口水。因此，別人一句苛刻的話雖令你憤怒，但這只是短暫的情緒罷了，只要你不輕視自己，就不會再有那種感覺。

第三章

從新的起點向上攀登

不懂爲自己制定基本原則，很容易上深諳此道的人的當。因爲一個人的動機很少是單一的，常是相互交織在一起。例如有人說服你加入某個組織，名義上說是要排斥交不起稅的人，其實就是在排斥黑人，使得你不自覺開始對黑人產生偏見。又如，另一個人跟你說：「要這樣做才能維護我們的銀行業務及制度。」其實他是在讓你對猶太人造成偏見。我們被利誘用法律漏洞以獲取不義之財，卻不知自己已漸漸地不尊重法律的莊嚴性。如果我們一開始就知道自己所做所爲的利害程度，就不會去做自以爲是在追求無可指責的利益之事了。

美國小說家海明威在《戰地鐘聲》一書中，描寫帕伯樂如何誘發農民痛恨法西斯分子。剛開始時，那些農民只把法西斯分子當成鄰居或地主看待，不跟他們敵對。有一次帕伯樂把十幾個法西斯分子聚在一間小屋裡，然後讓農民帶著打穀工具、大鐮刀等，在小屋與懸崖邊之間列成兩行。當第一個法西斯分子走進兩行農夫之間時，起先還沒有人打他。之後有個他以前的佃農去撞他的頭，其餘的人一湧而上，把他推到懸崖邊去。第二個法西斯分子出來時，他們就更想去揍他了。不管法西斯分子表現出什麼態度，農民還是恨透了他們，想全殺掉他們。海明威這樣描寫：「現在他們的手上、衣服上到處都是血跡，也開始覺得凡是由屋內走出來的人都是敵人，應該把他們殺掉。」

因此，你要小心，不要讓別人引誘你去做自己不習慣的事，更要注意其動機，才不會讓人影響你。一個人的生活形態很容易改變，如果你不瞭解自我創造的基本原則，後患無窮。唯有深入理解，才能不受他人左右。

八、如何向別人訴苦

如果你的生活中有人做了一件讓你覺得有絕對理由可以抱怨的事，你該怎麼辦呢？

抱怨是不可避免的事，但也是一門藝術。只會說「把心中的一切傾吐出來吧！」比眞的說出來要容易得多了，但把一切說出來又比提出公平、有力、正確的異議更簡單。提出異議與其他藝術一樣，需要花時間練習。

近幾年來，專家經常與一些夫婦接觸，歸納出一套建議，同時發現這套方法能夠迅速幫助人們在許多事務上順利地進行溝通。如果你與某人經常吵架，專家會極力推薦你試試這套方法。這些方法確實能有效帶來暫時的和平，而在此期間，你還可看出到底哪一種方法更有效。而且，專家們還教導你如何傾聽別人訴苦，如果訴苦的人也按照這些方法去做，雙方就更容易溝通，能更快地找出你們之間爭執的原因。在各種人際關係中充分利用下列原則，可以避免許多無謂的糾紛。

(1)只對於你不利的人提出異議，不要把別人牽連進來。

不要在第三者面前批評對方。大部分人受到批評就像遭到攻擊一樣。人們喜歡拿批評當作攻擊別人的武器，這樣只會造成反效果。不顧慮對方的自尊，公然在大眾面前批評他，會使彼此的關係變得更僵硬。除非有特殊緣故非要當場說出來不可，否則最好私下與對方溝通。對方有權在別人面前表現自己，不需要藉著你對他的評價讓人留下印象。換句話說，在別人面前讚美對方也不一定是好事。

(2)不要拿對方與別人相比。

你和女朋友約會，她卻遲到，等到她來了，你就開口說前女友絕對不會讓你久候，這樣，接下來就無可避免的又是一場口舌之爭了。沒有人希望自己不如別人，即使你對別人的抱怨不過分，還是不會有人喜歡被拿來做比較。

我們的行爲準則應依據自己的想法，而不是依別人的想法而定。想拿對方與別人相比，使之合乎某種行爲規範，並不是正確的做法。同時，要避免暗示性的比較，如對某人表示出失望的表情，這也是應該避免的比較性暗示。

(3)適時提出自己的想法。

跟對方單獨在一起時，要趕快說出自己的想法。像工作一樣，想愈多就愈難以啓口，甚至讓你牽扯進無關的事：例如翻對方以前的舊帳。就算他眞的有錯，但是往事已矣，任何人都不喜歡被揭舊瘡疤。

(4)對方已接納自己的想法時，就不要一再重複。

亦即你跟他訴過苦後，就別想非要對方向你立下自白書。他既然已耐心地聆聽你的指責，你就不該再提他的過錯。如果某人與你衝突過，第一種可能的後果是他不再與你來往；第二種情形則是你們依舊保持聯繫。如是後者，那麼你就該坦然一些，不要老是提他做過的錯事。

有些夫妻喜歡揭對方的瘡疤，爭吵的原因或所用的字眼幾乎千篇一律。對於這種情形，專家替他們制定了一套處理各種關係中發生抱怨時都用得著的辦法。亦即有一方令另一方生氣，另一方必須在兩人單獨相處後24小時內提出異議，再慢慢縮短事情發生與提出抱怨的間隔時間。如果在允許提出抱怨的時間內沒有說出，過後一律不受理。這種方法有兩個好處：一是如果一方保持沈默，會迫使另一方說出他的異議；二是不能確定自己有沒有得罪對方，只要被允許抱怨的時間一到，就不必害怕受到指責了。

採納專家建議行事的人，普通具有共通的特點——他們都不知道自己常藉著訴說別人如何苛待他來保護自己。衝突一爆發，雙方都覺得沒有什麼武器可以攻擊對方，於是不是破壞了他們之間的協定，就是等著對方來破壞，並且大提對方的過去並加以抨擊。想要控制自己不舊事重提，需要一番訓練。一旦兩人都不再拿對方的舊事作爲爭吵的原因，他們就會發現根本沒有什麼利害問題讓他們像以前那樣徹夜拌嘴。

(5)只就對方能改變的行爲提出異議。

別人能改變的行爲，提出抱怨才有效。如果要求某人不要大聲喊叫或許還可以，但卻無法要求別人不要對你生氣。

切記：只能就對方行爲的本身提出異議。你可以要朋友配新眼鏡，卻不能對他因上了年紀、視力衰退的事情大加指責；你可以抱怨對方把髒衣服到處亂放，但卻不能怪他長得太矮。因此，如非意志所能改變的行爲，都不該抱怨。

(6)把不滿講出來，不要只是表現在臉上。

宴會上，有個先生老打哈欠，使宴會氣氛不和諧，但他的妻子只把憤怒表現在臉上，根本無法使丈夫明白自己到底做錯了什麼事。有些老闆在快下班時發現公司裡最勤勞的職員居然也急著要回家而心生不滿，職員出門前走過老闆身邊，發現老闆失望地看著他。雖然面部表情有時能使別人去做他們原本不想做的事，但一般人都不喜歡別人用負面的態度強迫自己做事。表情是內心情緒的表現，一旦被拿來當成表達不願說出的話時，就失去了這個特質。

(7)一次只抱怨一件事。

一次抱怨太多事，對方容易錯亂，搞不清楚你要抱怨的是什麼事。例如你進入老闆的辦公室想要求陞遷，就別再提辦公室鋪地毯的事。一旦話題轉到地毯上，就很難達到原本的目的，同時給老闆轉移焦點的藉口。

(8)抱怨之前不要先有開場白。

不要說：「有一件事我一直想跟你說，說出來或許對你的打擊很大，但請你不要生氣。」

也不要說：「我要告訴你一件事，這完全是爲你著想，現在請你仔細聽我說。」有什麼比以上兩段開場白更糟的呢？你這一招非但沒有使他聽了你的訴苦後不會感到難過，反而把他惹煩了。有了開場白，無疑是你要使你們兩人都相信要提出的事極爲重要，而且或許他還接受不了。因此，有些人聽到你的開場白，恐怕早就有所防備，哪還有心思聽你說呢？

(9)既然已經抱怨了，就不要再說道歉的話。

跟對方說抱歉，要求他包容你，不至於因意見相左而深感不安，這樣反而給對方增加不必要的負擔，也抹殺了你的好心，並會再度懷疑自己是否有權提出異議。

(10)不可用譏諷的語氣。

人之所以會用嘲諷的口氣，多半都因輕視或害怕對方。你輕視他，將使對方不會留意你的話；也因爲你不直接把話講清楚，而更加深了你對他的恐懼感。善用嘲諷口吻的人，不論說的話如何精明，都是虛情假意，那種人沒有什麼自尊，只不過是儒夫罷了！

(11)不要問別人爲何會做出令你不滿的事。

如果你的意思是不希望他做這種事，就說出來要他別再犯了。例如，下面這兩個問話，「你爲什麼要打斷我的話」或「你幹嘛把腳擱在我的椅子上」，很明顯可以看出說者要對方不要再有那種舉動。

有時說話的人覺得自己沒有足夠的理由公然要對方停止某些動作，而用迂迴的方式徵詢，但這種問法比提出不適當的要求更糟，因爲對方不做某些動作是輕而易舉的，但如要他去探索自己何以做那些動作的原因，再正確地回答你的問題，根本就不可能。而且很多人不喜歡別人認眞地問他們做事的動機，認爲那是侵犯他們的隱私。

(12)針對某人行爲提出異議，別牽涉其行爲動機。

向對方說出到底他做了什麼事，再告訴他爲什麼你會覺得他不該那樣做。切記，不要牽扯到對方令你生氣的行爲動機。例如：

「你從來就不讓我把話說完。」

「你根本不在乎我等了多久了。」

「不要再讓我發脾氣了。」

如果你能明白地告訴對方他怎樣得罪你，而不是把自己當成心理分析家去診斷對方的症狀，他或許能接受你的抱怨。像上面那些話，如果聽者覺得你對他行爲動機的猜測是錯誤的話，他就不會理會你的抱怨，甚至覺得你侵犯了他的隱私。幾乎沒有人會聽不出下面兩句話有什麼不同之處：「請不要打斷我的話。」、「你從來就不讓我把話講完。」

因此，不要把結果與動機混爲一談，就像有人踩了你一腳，你不能就此推論出他有意傷你。

(13)避免使用「總是」、「從不」等字眼。這些字眼暗示對方過去的行爲。一般人爲了強調其異議，往往會誇大語氣，結果使他的抱怨變得空泛。

(14)如果你從來就沒有讚美過別人，也休想對方會接受你的批評。

有位女孩從出生到8歲時，很少開口講話，醫生、社會工作者、精神病治療專家等都來看過，就是診斷不出原因。有一天她在吃早餐時，突然大叫：「麥片粥怎麼都凝成一塊一塊的？」家人問她以前爲什麼都不開口，她說：「從前並沒有什麼事讓我挑剔的！」

千萬不要像這個故事裡的小女孩一樣只知抱怨，這樣別人只會記住你這一點。如果你偶爾想發發牢騷，平常就該稱讚別人，同時學習如何感謝別人傾聽你的抱怨。

九、如何接受別人的批評

人只要活著，就會受到批評，尤其是對你期望愈高的人愈會指責你。雖然人非聖賢，不可能完全沒有過錯，但如果他人的批評傷你太深，你可能就會假裝自己不曾有任何差錯。爲你自己也爲別人，學習如何去接受別人的批評，能讓你過得更幸福快樂。

既然每個人都會犯錯，你就該瞭解錯誤的緣由，否則可能會開始逃避別人的指責。一旦出現這樣的行爲，就會開始害怕它。很少人喜歡被批評，大多數人都千方百計地想避開它。人一旦被挑剔，就容易產生恐懼感。因爲這種恐懼感，有些人也許不會再去類似可能會遭受批評的場合，但這樣就會失去一個重要的經驗，也失去許多有益的批評。很多人都不瞭解這一點。

他們常回擊別人的批評，暗中又很在意對方說的話。例如傑克對你說：「別再指責我了，沒有人會介意我花兩個鐘頭做午餐。」雖然嘴上這麼說，但下次他一定會縮短做午餐的時間。傑克要是擔心你對他大吼，他下次就不會再告訴你他內心的想法。所以，害怕別人指責或對他人的批評表示生氣，不但會讓你失去友誼，同時也失去朋友的忠告。

擔心自己某些弱點會阻礙你去愛某人，或妨礙你走向成功，而極力隱瞞，只會增加內心的不安，而且愈害怕別人批評你。當你聽到有人跟你說：「你做錯了一件事。」你就馬上認為他已看穿你的一切缺點。如果對方是你的朋友，你們之間的友誼很可能就此中斷，你也會責怪自己的缺點使他遠離你。更甚者，你以後可能就會時常逃避別人的忠告，造成惡性循環。另一個朋友如果再對你提出不利的批評，即使是最輕微的、你早已聽過好多次的，你仍然會覺得他對你有敵意。

停止這種惡性循環唯一的方法就是面對它，甚至鼓勵別人對你提出批評。只對自己說你下次一定會虛心接受批評還不夠，必須改掉以前不聽別人批評的行為。例如：

(1)不要對批評你的人咆哮，或憤憤離開。
(2)對方的話還沒說完時，不要中途打斷而為自己辯護。
(3)在任何情形下，都不對批評者吹毛求疵，或像個法官似的貶低他，更不要糾正他的語病。

(4)不要表現得彷彿發生天大的不幸，也不要哭喪著臉說「我是個沒用的人」或「我總是把事情弄得一團糟」。

(5)不要表現得太脆弱，推說自己無法承受別人的批評，或讓對方以爲他傷了你的心。

(6)不要責怪別人讓你做出某些行爲。例如「要不是你找我一起參加舞會，我才不會花那麼多錢買衣服。」

(7)別人批評你時，不要藉故改變話題，或裝作沒聽見他的話。

(8)在還沒有聽懂對方的指責前，不要一再用道歉的話搪塞。這種做法不僅是在爲自己脫罪，還會迫使對方說不出話。

(9)不要把話題轉到解釋你爲何會做那些事。對方可能會以爲你在接受批評，但事後他就會感覺你在逃避問題。

(10)不要反過來批評對方對你行爲的反應。例如不要說他太敏感了。他的反應並不是關鍵所在。

(11)不要故意嘲笑對方。尖酸的語言容易刺傷別人的心。

(12)不要暗示對方，說他對你的批評是基於某種不為人知、含有敵意的動機。一再追問對方為何要反對你的行為，那你根本不是在接受批評。必要的話，可以留待之後再問，或許對方也不知道你的動機是什麼，不過他還是有權對你的某些行為提出異議。

(13)不要對別人的批評冷嘲熱諷。若對方誇大你的缺點，別在意，因為他對你誇大不實的指控，反而會失去指責的意義。

仔細回想別人批評你時，你是否做到了上面的13條準則，還是你根本無法接受別人的勸告。若是這樣，下次就要改正，並試著照下面的方法改掉長久養成的習慣。如果你能確實遵循下列幾個原則，久而久之，你就會愈來愈有信心。

(1)傾聽批評你的人說話，不要中途打岔。不要用臉部表情或身體動作表現出你不願對方繼續說下去，而應該直視他，表示你願意接納他的忠告。

(2)仔細想想別人對你的批評指責，以改正自己的行爲。例如對方嘲笑你太窮或臉上長滿粉刺，雖然他並未給你任何忠告，但你就知道要改善自己的生活和治療臉上的粉刺。

(3)運用智慧幫助對方說明白其批評的眞正含義，而不是讓他對你的不滿含糊其辭，這樣你才能知道自己的缺點。

(4)試著禮貌性地問批評你的人要如何改正自己的行爲。這樣一來，你不但可以瞭解對方，還可以學習各種經驗，即使你不喜歡他們，也知道那樣做對你有益。

(5)即使批評你的人沒有說出你被指責的行爲對你、對他或對其他人有何害處，你也該自己找出答案。如果你根本找不出哪種行爲對別人造成傷害，或許是因爲對方批評得太過分。

(6)不管你是否同意別人對你的指責，要讓他知道你已聽到，並知道自己錯在哪裡。你要用自己的話把對方提出的異議重複一次，而不是用他的話一字不漏地重新說一遍，那只表示你假裝在聽，其實並沒有把他的批評當成一回事。

(7)你要提的是描述對方的感覺，而不是你認爲他該怎麼想，或你有何感覺。例如你可以說：「眞抱歉，讓你在餐廳等我，我想你應該會覺得很無趣，我知道這眞是太糟了！」

(8)如果你覺得自己不該受到責備，也要等對方把話說完再去解釋。例如對方把時間搞錯而使你晚到一個小時，但等人總是不愉快的，你還是有權說清楚，你並沒有錯。

(9)如果你同意他的說法，認爲自己的確不對，而且願意改過，那麼就向他道歉。但道歉一次就夠了，千萬別一再地要求他原諒你。過分的謙卑不但不會減少你害怕別人指責你的心理，反而會增加恐懼感。

(10)如果只有幾個人敢批評你，不管你是個不好惹的人也好，還是你容易惱羞成怒也罷，要盡力去鼓勵這些人隨時對你提出指責。要感謝任何對你提出誠懇批評的人。

總之，當你開始傾聽別人對你的批評時，先自問下列問題：「我暴露出什麼弱點？」「責怪我的人將如何待我？」「這次經驗會不會使我想起過去？」「如果會，我當時是怎樣的無助，爲什麼現在卻不會呢？」

從宴會上回來，凱瑟琳的丈夫抱怨她不識大體得罪某位客人，凱瑟琳認爲丈夫以後再也不會愛她了。這種感覺愈來愈強烈，導致她對丈夫咆哮。當她奪門而出後，她自問爲何會這樣時，才頓悟到6年來自己一直認爲婚姻是最完美的，丈夫對她也很滿意。這即是此事情的癥結。她一直都以爲自己表現得很好，根本不會做出令丈夫不滿的事。

我們應該養成接納別人批評的習慣，因爲對方批評我們根本毫無所得，甚至還會失去某些東西。例如一位新上任的護士，在手術房裡提醒一位著名的外科醫生說他的某件工具尚未消毒；又如一位朋友明知道你的脾氣不好，卻偏要告訴你那樣做有錯。不管他們說得對不對，也許他們根本不瞭解事情的眞相，但他們的用意可能都是好的，他們只想防止錯誤再發生罷了。

這種指責的確是你該接受的，即使對方在某種特殊的情況下也許是錯的，但不要跟他作對，下次他或許就能告訴你被你忽視的重要事情。

第三章
從新的起點向上攀登

事業有成的年輕商人表示，成功令他不安，尤其害怕別人的批評。他認爲自己不該這麼一帆風順，如果有人批評他，一定是對方看出他的祕密。

他說：「跟我一起工作的人老是批評我：「你那種說話的腔調從哪兒學來的？」「誰叫你總是表現那麼好的風度？」他們根本不是想幫忙，我也不覺得容忍他的話對我有什麼好處。

史坦說得沒錯，有些人批評你只爲了發洩他的嫉妒或想在事業上擊敗你，不必介意。但是不要避開一切指責，應該藉機學到你有什麼權利和你不該做什麼。

如果你不允許別人對你做任何批評，他們一開口，你便大喊大叫，或做任何動作表示你沒在聽他說話，那麼你也別期望別人有一天會聽你的批評。其實，只要把別人的批評視爲對你行爲有益就行了。何況，如果你願意耐心地聽對方把話說完，你也有權利反問。

要認定別人對你的批評跟你所做的事有關，而與你無法控制的事實無關。學習忍受他人批評的同時，也要忘掉會被批評摧毀的恐懼感。事實上，很多批評別人的人，並非想要毀滅他人。

下次試著向批評你的人建議，要求他每次只對某一件事提出異議，不要一下子就把你過去做錯的事統統列出來而大加抨擊。因爲我們會接受他人針對某一個行爲的批評，對於一大串毫無希望改善的錯誤行爲，誰說了都無法發揮作用。如果批評的人是好意，他應該知道這點。

當然，你也可以請批評你的人，不要一再重複責備你的話，更不要當衆挑你的毛病。

當然，事情不可能都那麼順利，還是有可能會遇到喜歡當衆指責你的老闆。不過，如果對方變本加厲，完全不知道改善，你就該考慮是否要換新工作。

別人對你的批評是否適度、明確，可從對方的反應探知。例如你已經很誠心誠意地接受指責，而他卻不願原諒你的過錯，那麼問題並不在過錯本身，而是對方身上。只要你虛心接受他人的忠告，很少人還會惡意攻擊。

還有，要注意批評他人帶來的麻煩。批評他人一定要有正當的理由，而不是爲了表現你的優越感，或因爲你對毫不相干的事發洩怒氣而隨意指責別人。如果你故意把批評與輕視別人混淆，就可能會引起意想不到的問題。

第三章
從新的起點向上攀登

還記得別人最後一次批評你是什麼時候嗎？如果是不久前，那麼你或許還會採取某種方法爲自己辯護。其實，這樣做反而加重你害怕別人批評你的心理。下次再有人對你提出異議，你應該注意聽他的話，若他的批評還不至於毀滅你的自信、事業，或破壞你們之間的友誼，那麼你應該可以從其批評得到某種暗示。

十、如何表達你的愛

如果你生活在愛中，就能體會那是怎麼回事了。心中滿懷愉悅，不只是對你所愛的人，而是對所有的人，包括你自己及整個世界。此時，你彷佛看見到處都充滿美感，你不再害怕表達自己的愛，不管是用語言或沈默，都會表現得既溫馨又富情感，內心覺得踏實，心胸寬闊，而且充滿生機。但是你的愛可能只維持了數分鐘或數個星期，因爲你的愛人拋棄你，或者過世了，不然就是你心中常會有失去愛的感覺。長久下來，你或多或少會對愛產生絕望，即使你已經結婚或有情人，即使你確定自己愛朋友、愛父母、愛自己的小孩，表面上似乎生活在愛裡，但是你竟發現心中對愛已生絕望之心，失望得不願再捲入其中。

有些人曾因受過重大的打擊，對愛不再有信心，總是說：「愛有什麼好處？」不再追求愛，並拿現實的眼光來衡量愛情，認爲對方一定要有利用價值才願意跟他來往，而結婚只是爲了繁衍後代，這就是他們對愛的看法。

第三章 從新的起點向上攀登

當然，也有人想愛別人卻不知如何表達，例如哈羅德的妻子希麗亞說，她丈夫在世界上最重要的一件事就是看他的孫子，每當他知道孫子要來看他們，他一整天都會很快樂地等待他們到來。甚至每隔幾分鐘就會問一次：「他們被什麼事耽擱了？」但是當他們都來了以後，他卻躲在房內，讓妻子一人獨自去招呼客人。小孩在院子裡玩時，他會靠在窗戶邊看他們，即使他們進入屋內，他也不會主動親近他們。希麗亞只好解釋說他工作太忙，哈羅德則在他們都走了之後覺得萬分沮喪。

兒子問希麗亞：「爲什麼他老是那樣呢？我們要是不回來他會不高興，來了卻又不理我們。」

哈羅德認爲自己自己年紀那麼大，不知道要跟那些小他60歲的孫子說些什麼，總不能要他和孫子在院中玩類似捉迷藏的遊戲吧。

很多人都不知道如何去愛別人，總是找藉口推說愛情是早已註定好的：「我就是找不到適合的伴侶。」「每個人都跟我擦身而過。」「只要我對某人有意思，就發現他已名花有主。」

其實並非命運阻礙了我們的愛，而是自己的態度影響我們去愛別人。

「只要你喜歡，就要表現出來。」我們時常未能將對某人的愛意或關懷之情適當地表達出來。每次我們沒有表現出愛的行爲時，就會使自己更加不敢表示愛意，若能以行動表達愛意，我們就能給予及接受愛情，不再害怕愛情。

「感到對某人有愛意」這點相當重要。我們可由行動來加強動機。當然，我們不可能假裝表現愛某人，就能使自己去愛這個你根本無法接受的物件。不過，如果你對某人產生愛意，再用行動表現出來，就能加深愛意。

剛開始時，你可以與所愛的人，如朋友、情人、親戚在一起，再用行動表現你對他們的愛。千萬別壓抑你的感情。

如果你不確定自己是否愛對方，那該怎麼辦呢？沒關係，只要花幾分鐘時間，仔細思考幾個問題就知道了。你可以先想像要是沒有對方，自己會變得如何？見不到對方，心裡有什麼想對他說的話？沒有對方，生活有什麼改變？花點時間衡量你對某人的感覺，很快就可以發現自己眞正的感情了。

不過，加深愛意最好的方法還是由行動來表現。一個充滿愛的行爲，是愛情的純眞流露，絕無夾雜其他目的。例如有一天，傑米想對妻子表示關懷，就打電話到她的辦公室跟她說：「我只想聽聽妳的聲音，妳有時間跟我聊天嗎？」

這就是愛的行爲，直接、眞摯且充滿感情。相較於亞倫打電話給妻子時說：「嗨，我只想知道事情是否進行得順利。」從這句話立刻可看出兩者的差別。

亞倫覺得妻子與他日漸疏遠，於是試圖改善並縮短兩人之間的距離，但他的動機令人混淆不清。他既希望對妻子表示某種感情，卻又對她十分冷漠，因爲他擔心太過於流露感情會破壞他原本建立起的威嚴。

送人禮物時，與其說：「我送這個東西是認爲你用得著。」不如說：「我送你這件禮物是因爲你實在太棒了！」

送禮的原因很多，選擇比較感性的說詞，更可以加深彼此的感情。如果你愛某人，卻不說出來，不只是欺騙對方，也是欺騙自己。

我們剛剛提到的那位祖父哈羅德，他可以先從找孫子們聊天開始做起，剛開始不必一定要表示什麼感情，要強迫自己不再逃避，盡量尋找共通的話題。

表達愛的心理，與其描述自己過去的感覺，不如說出目前的感覺。雖然後者比前者更難說出口，但只要正視自己的感情，就不難說出口。

下面這幾點可以幫你變得更懂得如何去愛。

(1)製造一些特殊的場合，使你們兩人能一起做某種活動。例如一起吃早餐、一起打球或一起散步，然後再不著痕跡地延長這些活動的時間。

(2)偶爾送一些不易長久保存的東西給你所愛的人，但前提是你送的東西是對方喜歡的。或許有些人會認爲買花浪費錢，但其實不然，這才是你們兩人共有的禮物。因此，當你想要爲對方做點事時，不妨花點錢做這類的事，而不必去買你認爲對方應該讀的書。

當然不是說如果你爲對方買了一些有用的禮物，就會破壞你的感情，只是偶爾可以表現得較不注重實際功用，這樣有助於你體會愛情本身的價值，即使那件禮物並不爲你們帶來什麼實用價值。

(3)以適當的肢體接觸傳達你的愛意。與性騷擾不同，適當的肢體接觸，能夠讓對注意到你的情感，並意識到你的存在。當然，動作不能太過分，否則可能會造成反效果。

(4)不要把對方當成某個固定的角色，阻礙了你對她的愛。如羅伊總需要妻子的提醒，否則就會像個孩子一樣忘東忘西。妻子則像是經常生氣的「媽媽」。久而久之，兩個之間的感情就會開始變質了。

如果你把對方當成你的良知，隨時譴責自己，那你就不可能眞正去愛她。例如安琪拉對自己過胖的身材感到羞恥，並告訴朋友：「我必須減肥，否則老公就會不喜歡我了。」一旦她有這種心理，她就會開始下意識地厭惡自己的丈夫：「爲什麼我這個樣子他就不愛我了？」其實，只有她自己才那麼在乎體重。

如果你想變美是爲了取悅對方，那又另當別論。兩者的區別在於，前者是把罪過推給對方。因此，倘若你的行爲是爲了讓對方快樂，你的心中會增加不少溫暖之情；反之，如果你做某件事只是爲了避免引起對方的不滿，那麼你是在製造不安。

(5)想想對方什麼缺點最令你覺得困擾，然後自問：「我有沒有同樣的缺點？」或者「我怕不怕有這些缺點呢？」若答案是肯定的，你就得面對這些麻煩。因爲在尙未找到解決的辦法以前，勇於面對現實才能讓你坦誠地愛對方。

馬克很怕看到妻子逐漸衰老的面孔，因爲他心中一直渴望妻子永遠年輕。每當看到妻子臉上的皺紋，就像被雷響驚醒，導致他無時無刻不在批評她的衣著、白髮、裝扮等。如果馬克能覺悟出是他自己在害怕年華老去，他就會重新拾回對妻子的愛。

(6)最重要的一點，盡量去做些你喜歡與對方一起做的事。野餐、郊遊，看電影等，試著記住你與對方共度的歡樂時光，然後再去做一次。兩人最好在燈光柔和、氣氛溫馨的環境中會面，彼此分享快樂及成就感。並以相同的心情，共同去做更多事。

總之，要是你能夠在言語或行動中注入感情以表達你的愛，那是最好不過了。最重要的是，你一定要採取行動，不能只是光等著溫柔的時刻來臨，然後又讓它悄悄溜走。

英國知名戲劇家莎士比亞曾說過：「人們不會去愛不表露感情的人。」因此，你要把你的愛化爲行動，才能眞正地體會愛。

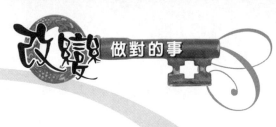

舊習慣是不易改掉的，要是你平常不習慣率直地把自己的熱情表現出來，你可能會覺得自己變得愚蠢、敏感、沒有個性。要你與一個朋友相處大半天，還要跟對方說：「我真的很喜歡和你在一起。」的確很難。雖然這句話比其他的話都管用，但你就是說不出口。

當你與舊習慣背道而馳時，你就開始產生新的懼怕感，但當你認清原因之後，才能努力去克服懼怕感。

你不能自在地表達愛意時，不妨自問下面幾個問題：

(1)愛這個人後，我將失去什麼？

(2)我透露了自己什麼可怕的事情？

(3)我用新的態度表達我的愛，會給對方什麼震撼？

(4)對方會傷害我嗎？

(5)愛對方，我會顯得愚蠢嗎？

換句話說，就是了解你到底害怕什麼？你將發現你害怕的是：

(1)擔心被拋棄。你害怕如果向對方表露眞情，他會玩弄你，控制你的生活甚至把你拋棄。

(2)擔心愚弄了自己。你不敢那樣做，認爲那種話聽起來太可笑了，對方聽了一定會嘲笑你。

(3)怕遭到拒絕。對方爲什麼要在乎你的感覺呢?你好像沒有權利期望對方會愛你。

(4)害怕愛情的無常。如果你愛一個人，失去他時你將會很痛苦，所以一想到他可能會離你而去就無法忍受，結果你變得不想付出，以免日後受苦。

(5)害怕失去自己的獨立個性。你擔心表達愛意後整個人會像要崩潰似的，失去自由、失去個性，變得不是原來的自己。

這些恐懼感到底從哪裡產生的呢?它們來自以前某件事對你的心靈造成了創傷。例如從前有人背叛你，你就會擔心以後也有人會背棄你。問問自己，過去是誰做了讓你害怕歷史重演的事情。

當你表達愛意時，把你所害怕的事記下來，描述得愈清楚愈好，讓自己瞭解到底害怕的是哪一點。怕失去自己的獨立性，還是擔心愛有一天會結束？心理上便會對此有所防備，免得下次你又愛上某人時，內心再度產生恐懼，而阻礙了你對愛的表達。

過去的事情未必會再發生，只要你無視內心的恐懼，盡力表達你的愛，所有的不安自然就會消失。當然，愛是沒有什麼東西可以保證的，但是就因爲在沒有任何保證之下，你願意接受對方，才是愛的可貴之處。

十一、如何讓人喜歡

每個人都希望討人喜歡，更希望被愛。我們也想使自己在別人心目中有地位、有分量，受到重視，擁有可以談心、能甘苦與共的朋友。

很多書都教我們如何才能使自己受人歡迎，例如：要先使自己變得可愛才會被人喜歡，所以不要頂撞別人，要說別人想聽的話，與同事相處要表現得圓滑，回到家中要隨和。

一個人的行爲一直在加強這些行爲背後的動機，你這樣做的動機是什麼呢？是害怕如果表現自我就不會受人喜愛，因而向世人說：「我知道自己不夠好，所以想盡量表現出符合你們期望的樣子。」

要是你的行爲都是基於此動機，就會使這種想法愈來愈根深蒂固，也會更加害怕自己不符合要求，甚至發生一種很奇怪的現象：你可以使自己變得比從前更受人歡迎，但最後卻覺得孤獨。

只是被人喜歡還不夠，你必須覺得別人喜歡的是眞正的你。很多有關這方面的書籍都忽略了這點，它們只是拚命要你去研究別人喜歡的東西，這麼做，反而會使你不受歡迎。

有位作家曾說過：「一個人若擁有很多書即表示此人不錯。」一位少女受了這句話的影響，就買一大堆書排滿書架，因爲有人曾告訴她，每個好男人都喜歡比他更有知識水準的人，所以她只好僞裝有學問來吸引他。

不管她使男人更加喜歡她的目的是否實現，最後她只會因此而變得討厭自己。她的行爲等於在告訴自己，她配不上她想要的那種男人，即使那位男人會愛上她及她那棟裝滿了書的房子，她也不可能有被愛的感覺。因爲她根本就不知道對方愛的是她，還是她僞裝出來的面目？

我們常會爲了討好某人而戴上某種面具，隱藏眞正的自我，例如假裝自己很健談、樂意助人、很有藝術眼光等。這樣一來，即使對方待我們很好，也不表示別人很欣賞，因爲根本沒有人知道我們本來的面目，而且假面具戴太久，有時連我們都會忘了自己是誰。

如果你經常努力想使每個遇見的人都喜歡你，你會更加迫切地需要被人喜愛。結果，每次認識陌生的朋友，就會不由自主地產生不安和焦慮感，甚至發現見過幾次面的人沒有對你表示贊許時，你就會開始焦慮起來。

太刻意去討人歡心容易招致反效果。想使每個人都喜歡你，反而會使自己變得一文不值。缺少主見，並不會留給別人好印象，別人可能還會在背後偷偷罵你：「那個人只會迎合別人，一點個性都沒有。」就算沒有發生這種情形，你也會一再地加深一種最糟的想法，沒有人會喜歡你本來的樣子。

想使自己被人喜歡，應該努力培養自己的特質，再以這些特質爲出發點，好好發展。不要只圖接受別人的讚美。若想藉此出名，不僅不會成功，還得不到快樂。

那麼，到底要充實哪些特質呢？可以參考下列8點。這些特質與那些教你「如何幫助自己成功」的書裡提到的不同。我們都知道許多人並不富有，也沒有輝煌騰達的事業，但他們卻比別人擁有更多親密朋友，擁有能使別人喜歡他們的特質。

下面這些做法，不但能讓你更愛自己，也能讓別人更喜歡你。

第三章
從新的起點向上攀登

(1)學習如何獨處，這是最有效的一招。如果你和你自己都不能好好相處，又怎能期盼別人會喜歡跟你在一起？反之，要是你善於安排自己要做的事，別人就會意識到你強勁的力量。

大多數人都害怕孤獨。或許就像有人說過的：「獨處時覺得自己很渺小。」害怕獨處的心情多少會侵犯到別人，例如打電話給朋友，抓住他談個沒完，這樣會打擾別人的自由。或者朋友很忙，你卻賴在他那裡不走。甚至在團體裡，你太注意自己，彷彿擔心別人會忽視或棄你不顧，而老是要求他人特別關照你。這種做法只會變得更不喜歡自己。因爲與他人相處時，自己變得沒什麼重要性可言。

如果你能享受獨處的時光，那麼你去找別人時，就不是出於害怕獨處帶來的空虛感。例如邀請朋友共進晚餐，是因爲你想看他，並不是你無法忍受獨自用餐，你的朋友也會因此覺得被你喜歡，而不只是被依賴，這樣你才能交到眞正的朋友。

訓練自己習慣獨處吧！剛開始時，就像要改掉某個習慣一樣，會有不安的感覺。此時，你可以自問幾個問題，如「爲什麼我老是希望電話鈴響呢？」、「我對自己感到厭煩了嗎？」然後試著想想看有什麼事你能做的。如跟一個你關心的人聊天，或者去做一件富有創造性的事情，藉此克服不安感。但千萬別認爲獨處時一定要做「有積極性」的事情。你可以先試著在一個月內，花一、兩個上午的時間獨處，漸漸地你就能體會獨處的快樂。

(2)把別人當成獨立的個體，並欣賞這種個別差異。有人說，所謂取悅別人，就是被人取悅。每個人身上都有許多不同的特質值得你去發掘。

有些人喜歡把人分門別類，窮人、富人，男人、女人等等。他們認爲只有其中某些人才是他們的同類。

有這種想法，只會招致無謂的問題：第一，你把自己局限在一個狹小的範圍裡，只喜歡某種類型的人，那麼你與別人在一起時，一定會覺得不自在，甚至錯過認識某個與你多有異趣的人。

第二，如果你只把某人歸爲某個類型，就無法眞正地看清楚他的特質，讓人感到厭惡，甚至會想，你之所以喜歡他，與其個體無關，而只是喜歡他所屬的類別。

第三章

從新的起點向上攀登

有個醫生非常不快樂，因爲他的未婚妻只想嫁給醫生，即使在他們還沒認識前，她也只跟醫生約會。他覺得自己的未婚妻是：「只想與某種類型的人結婚，而不是跟某人結婚。」當他把這句話告訴未婚妻時，她竟然回答：「當醫生才是眞有成就。」

這點與英國戲劇家王爾德所寫的某個故事有相似之處。內容是敘述某個少女只想嫁給名叫爾內斯特的男人，對於那些她所認識的年輕小夥子，不管他們叫什麼名字都不夠格。

盡量訓練自己，別使你的朋友覺得你把他們歸成某種人，更別把人擅自加個名稱，如把別人叫做悲觀者或平凡之輩等。

有個男人總是喜歡講他遇到的女人的年紀及漂亮與否。他愈是這麼說，就愈使自己認爲年輕和漂亮很重要。久而久之，一些不喜歡他總是把別人看成某一類型的朋友，就開始疏遠他了。

因此，你應該找出認識的人身上有何與眾不同之處，也許你會喜歡他們，也許不喜歡他們，但如果你喜歡，至少你喜歡的是他們本身。

(3)享受生活的樂趣。有個女人天天去游泳，卻不能享受戲水的快樂；常打網球，卻不喜歡網球這項運動；與朋友玩牌也是三心二意，更不喜歡與人聚會。她的生活看似豐富，其實很刻板。你不做點喜歡的事，不但自己快樂不起來，別人也會不喜歡你。

那麼，要怎樣才能充分享受生活樂趣呢？首先，靜下心來，花點時間享受一下你在做的事，盡量使自己融入周圍的環境中。一味地站在周遭觀望，不僅感受不到自己的重要性，更會覺得其他事情都沒什麼意義。不要放棄追求新的經驗，對於新的活動別畏縮不前，以免得不到該得的快樂。

(4)避免憤世嫉俗。凡事以寬容的態度看待，生活會比較快樂。否則你可能會以為每個人都只為自己打算，不相信這世界上有真誠、寬大的人存在。

喜歡憤世嫉俗的人，多半是很難相處的人。這種人經常說些冷嘲熱諷的話，不只不受歡迎，甚至會讓你不再愛自己。此種態度的養成，多半是因你在某處失敗了而找藉口搪塞。例如你對婚姻不忠實，卻推說異性都是這樣；你在工作上不能堅持操守，卻硬說這世界本來就是個自相殘殺的地方。憤世嫉俗會讓人的行爲脫離正軌，更糟的是，你還會用它來掩飾自己的過錯。每個人都有犯錯的時候，不該以嚴苛的態度斥責他，否則可能會誤傷無辜的人。正如德國文學家歌德說的：「如果你滿懷希望，趕快將它傳染給我吧！但是如果你心中存疑，就留在你那邊吧，我自己已經夠多了！」

(5)當你與某人在某個你認爲重要的事件上有不同的看法，就要勇敢地提出異議。這樣你才會覺得自己有獨立的主見，也能讓別人瞭解你是有見地的人。

(6)培養爲別人設身處地著想的心。這樣會使你的生活更多姿多彩，更能與別人的生活溝通。有些人不懂得將心比心，一再地冒犯別人，等到對方生氣時，才知道事態嚴重。一般而言，愈能深切體會自己的經歷，愈能同情別人的感受，自然就能縮短與他人之間的距離。

(7)學習分享別人的喜悅。德國哲學家叔本華曾說：「每個人都會去同情別人的悲傷，但唯有天使才能分享他人的快樂。」

到底是什麼事情令你無法為別人的成功感到快樂呢？是出於嫉妒心？還是你在害怕什麼？這表示你對自己缺乏信心及安全感。如果你不能分享朋友的成就，勢必更加害怕自己不如他，或擔心有一天他會棄你而去。

愈是吝於讚美別人，或是惡意毀謗朋友的成就，與朋友間的交情就愈糟。因此，心中不存恐懼，才能去泰然地分享他人成功的快樂。

(8)重視自己的個性。每個人的個性都是自己創造出來的，你可以創造自己想要的類型。不必視自己為受害者，當然也不必把別人看成是一樣的受害者。

或許你還會想到其他更好的特質而想充實之，不管是什麼，都得用行為表現出來，而且不能只在跟你喜愛的人在一起時才表現。

例如，你平常與人見面時習慣遲到，但你的戀人卻要求你準時，因而凡是與戀人約會時，你都會準時到達，而與別人碰面時照常遲到不誤。你這種行為只表示你想留給她好印象，而不是眞心想改過。最後，反而使你成為取悅於人的奴隸。

你會爲了體貼別人，而要自己準時的想法沒有錯，但一定要做到不管跟誰約會都不遲到，否則就不是眞正的體貼。

不要認爲取悅他人才會受人喜歡，應該先好好地充實自身的優點，你才會覺得別人是喜歡你的長處。

光是被人喜歡還不夠，應該做一些自己覺得自然又樂於做的事情，才能吸引他人的注意，從而眞正地被人喜愛，否則即使別人喜歡你，你也體會不出那種愉快，且會認爲他們覺得你無論怎樣也無關緊要。

十二、如何選擇和放棄

當你碰到該做抉擇時會怎麼辦？例如今天要穿哪件衣服？到哪裡吃飯？或者到底要不要跳槽？

36歲的寡婦瑪麗，花了幾個星期的時間，還是不能決定該把丈夫的遺照擺在何處。最初她放在閣樓上，接著移到臥室的桌上，最後又把它拿回閣樓，想法始終搖擺不定。

原來近兩年來，瑪麗一直與商人喬在約會，最近他已向她求婚，但瑪麗就是無法決定該把前夫的遺照放在何處。換句話說，她不知道是否應該與另一個男人重新展開新生活。兩個星期後，她終於決定接受喬的求婚，把前夫的遺照放在閣樓上。

對一件事情無法做決定時，通常暗示著與其他的事情有衝突。就像法蘭克，他一直不知道買花格襯衫好，還是素色的好。花格子顯得輕浮，素色又太保守。

原來，法蘭克正努力使自己變得有自信。他小時候和嚴厲的叔叔生活在一起，叔叔要求他凡事中規中矩，只替他買一些老式、穿起來不舒服的衣服。

在這種管教下成長的法蘭克，個性變得非常內向，不敢有創新、大膽的思想，也因此兩度失去陞遷的機會。

因此，他眞正要做選擇的，並不是該買哪件襯衫，而是該過哪一種生活方式。要是選擇較保守的生活方式，未來難有發展；採取較放任的生活方式，又怕別人嘲笑他。即使是像穿花格襯衫這種小小的嘗試，他都有些畏懼，彷彿總聽到旁人在說：「那個膽小的法蘭克居然穿得那麼花。」

由於法蘭克不敢肯定自己，害怕別人批評，畏於嘗試新的東西，使得他優柔寡斷，而優柔寡斷的個性更是逐漸地加深他的害怕心理。所以，凡事不能當機立斷的人，幾乎都是害怕嘗試做某些事情。

人們常常會因擔心別人的譏笑，而在一件再簡單不過的小事情上花很多時間去考慮其利弊。

還有一種人是害怕自己會被視爲某種類型的人，這種心理症狀幾乎可說是幽閉恐懼症，亦即相信如果你選擇做某件事，則表示你做不來其他的事。例如，運動員就不可能同時是哲學家；或者你只能精通英文或數學，不可能兩門都學好。

聰明而有天分的人，容易患有這種幽閉恐懼症。

演員布萊克極需錢用，卻又擔心每天開幾小時的計程車會荒廢表演才能。一位非常有才華的少女，她一直不能決定到底該學醫？還是去學聲樂？於是花了5年的時間去打工，一邊打工一邊做決定，最後終於上了醫學院，但是她卻已平白浪費5年的時間，或許在那段期間內，她可以往兩方面發展。

害怕、後悔、能力不足，總是伴著優柔寡斷的個性。你總是浪費不少時間及精力在決定要做什麼，而且還浪費更多的光陰猶豫你是不是該做其他的事。甚至因爲過分在乎別人的意見及他人的忠告，錯失許多好機會。

想避免這些問題，就要先練習控制時間及改掉某些習慣。例如在5分鐘內決定要看哪一部電影。強迫自己在限定時間內做好決定後，還要貫徹到底。

當然，千萬別在數分鐘或數小時內決定結婚、離婚、懷孕或大筆投資等重大事件。不過，當這類問題來臨時，以上所提及的控制時間練習，還是可以增加你做決定的信心。

許多藝術家都利用類似的時間控制練習，使自己能自由自在地嘗試錯誤。例如在3分鐘內畫好草稿，或者在這段時間內鉛筆絕不離畫紙。在這短暫時間內畫得很棒固然好，畫得不好，還是可以自己克服一定要畫得盡善盡美的心情。每次都苛求完美，最後可能會一事無成。

即使是再小的事情，要是久久都不能下定決心，遑論爲其他事做決定。

下面5個練習可以幫你除去不信任自己判斷的不安心理。

(1)不必爲每個過錯道歉。既已盡力而爲，卻又自責，會讓一切的努力顯得毫無價值可言，這是沒有果斷力的象徵。況且你每次無故向人道歉，更會使你認爲自己是個惹人厭的人。因此，不必做無謂的道歉，或許剛開始時會讓你不安，但久而久之，你就會覺得有些錯誤是難免的。

(2)容忍別人犯錯。不要因爲自己性情放不開而指責別人太隨便。

安瑪初到一個陌生的城市感到非常寂寞，但是有人去參加單身俱樂部時，她又大罵他們花痴。有一天，辦公室裡有位同事邀她一起去一家新的俱樂部，她顯得十分爲難。她實在很想去，卻又瞧不起去那種地方的人，現在她怎麼好意思答應呢？她已能想像出別人一定會用她說過的話來取笑她。

如果你對這個處處寬容人的世界付出得愈多，你就愈會相信這世界的確很寬待你。

(3)不要太讚美過去而貶低現在。那些毫無果斷力的人，通常都認爲他們過去相當完美，爲了力求符合這個標準，就唯恐自己以後會不夠完美。

如果你曾崇拜過某人，就要想對方之所以受到你的尊敬，並非他很完美，而是他夠果斷，沒有人會在意他的過錯。

(4)不要再請求別人給你意見。如果你是個優柔寡斷的人，你身旁一定有一堆朋友隨時等著你向他們請教。小事你應該要自己做決定，寧可出錯，也不要輕易去請教別人。

(5)不要總是模仿別人。當你相信自己會有好的創意，能夠自作主張時，那麼你對自己會更有信心。

按照這些建議去做，就能一步步地改掉不夠果斷的習慣。起初或許會感覺非常不安，但漸漸地就會很自在了。

當你開始擔心會做出錯誤的選擇時，可以看看你對自己瞭解多少，問自己最糟的情況是怎樣。例如你的父母是否會因此而大怒？你將變得放蕩不羈？別人會嘲笑你？還是你會就此失去朋友或工作？

要是你發現自己之所以沒有果斷力是因爲害怕某件事時，就要好好去面對它。想想看，你的恐懼是否有根據？爲什麼會對你影響那麼大？或許是眞的有人會譏笑你，但是結果會如你想的那樣糟嗎？

沒有任何行爲可以決定你的生活形態。就算法蘭克買了花格子襯衫，其他的事情依然可以照他原來的態度做決定。一件衣服的作用畢竟有限，他可以穿著這件花襯衫，但舉止比以前更保守。如果他想嘗試新的生活方式，只要做個決定，再採取不同的步驟貫徹就行了。例如他可以在下次開會時站起來發表自己的意見，或者開始邀請自己喜歡的同事去午餐。

人一生中可以試著去做許多不同的事情，如當飛行員、環遊世界。列出一張計劃表，看要花多少時間去嘗試做某件事，有些可能只要花幾個小時，有些卻要用好幾年的時間也說不定。

最後，當你找出令自己害怕的原因時，可能就會發現某些人似乎會令你害怕。例如你喜歡請客，但朋友眞的前來拜訪時，你就要多花一點時間思考要放哪種酒、吃哪種點心，或者你會想他們在家時都是吃新鮮的麵包，所以你也該爲他們烤一些。

問問自己爲什麼那麼擔心不能取悅這些人？他們都很喜歡批評別人嗎？如果答案是否定的，那就想想看，你是不是想從他們那裡得到什麼特別的東西，才會如此在乎他們。與朋友交往，而能展現眞正的自己，那才算是最好的友誼。

怎樣才能使自己不擔心出錯呢？給自己一段時間。例如用一個早上的時間去準備請客的東西，而且要維持自己原本的做法。這樣一來，你就會假想客人一定會喜歡你準備的東西。

一個人之所以會養成優柔寡斷的個性，通常是與好苛求他人的人在一起而變成的。你總覺得一旦你做了錯誤的選擇，他們馬上就會責罵你，因此老是遲疑不決。

英國詩人艾略特曾在一首詩中懷疑地問道：「我敢驚擾這個宇宙嗎？」當然敢！你會得到比你想要的更多，卻沒有失去什麼。

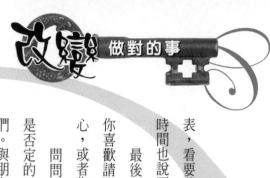

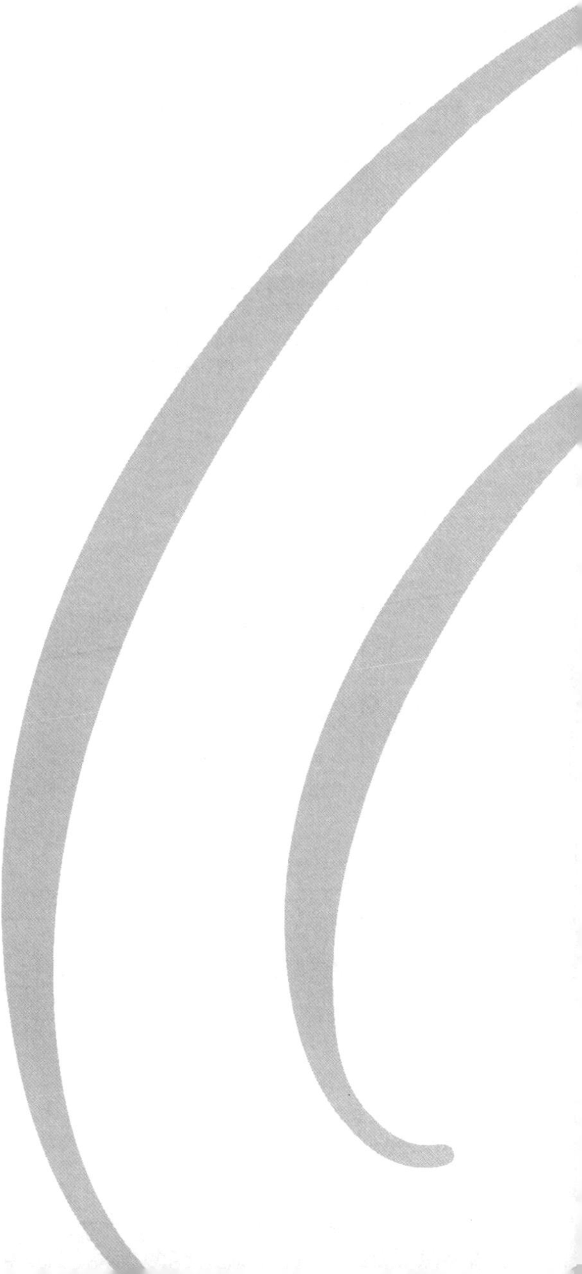

改變，做對的事

作　　者　安凱莉

發 行 人　林敬彬
主　　編　楊安瑜
編　　輯　蔡穎如
執行編輯　黃亦潔
美術編排　翔美堂設計
封面設計　翔美堂設計

出　　版　大都會文化事業有限公司　行政院新聞局北市業字第89號
發　　行　大都會文化事業有限公司
110臺北市信義區基隆路一段432號4樓之9
讀者服務專線：（02）27235216
讀者服務傳真：（02）27235220
電子郵件信箱：metro@ms21.hinet.net
網　　　　址：www.metrobook.com.tw

郵政劃撥　14050529　大都會文化事業有限公司
出版日期　2006年07月初版一刷
定　　價　180元
ＩＳＢＮ　986-7651-77-4
978-986-7651-77-8
書　　號　Growth-011

Metropolitan Culture Enterprise Co., Ltd.
4F-9, Double Hero Bldg., 432, Keelung Rd., Sec. 1,
Taipei 110, Taiwan
Tel:+886-2-2723-5216　Fax:+886-2-2723-5220
E-mail:metro@ms21.hinet.net
Website:www.metrobook.com.tw

國家圖書館出版品預行編目資料

改變，做對的事．/ 安凱莉 著．
-- 初版．-- 臺北市：
大都會文化，2006[民95]
面；　公分，--(Growth;11)
ISBN 986-7651-77-4(平裝)
1．修身　2．生活指導

192.1　　95009793

大都會文化 讀者服務卡

書名：改變，做對的事

謝謝您選擇了這本書！期待您的支持與建議，讓我們能有更多聯繫與互動的機會。
日後您將可不定期收到本公司的新書資訊及特惠活動訊息。

A.您在何時購得本書：_____年_____月_____日

B.您在何處購得本書：__________書店，位於__________(市、縣)

C.您從哪裡得知本書的消息：1.□書店 2.□報章雜誌 3.□電台活動 4.□網路資訊
5.□書籤宣傳品等 6.□親友介紹 7.□書評 8.□其他__________

D.您購買本書的動機：（可複選）1.□對主題或內容感興趣 2.□工作需要 3.□生活需要
4.□自我進修 5.□內容為流行熱門話題 6.□其他__________

E.您最喜歡本書的（可複選）：1.□內容題材 2.□字體大小 3.□翻譯文筆 4.□ 封面
5.□編排方式 6.□其他

F.您認為本書的封面：1.□非常出色 2.□普通 3.□毫不起眼 4.□其他__________

G.您認為本書的編排：1.□非常出色 2.□普通 3.□毫不起眼 4.□其他__________

H.您通常以哪些方式購書：(可複選)1.□逛書店 2.□書展 3.□劃撥郵購 4.□團體訂購
5.□網路購書 6.□其他__________

I.您希望我們出版哪類書籍：（可複選）
1.□旅遊 2.□流行文化 3.□生活休閒 4.□美容保養 5.□散文小品
6.□科學新知 7.□藝術音樂 8.□致富理財 9.□工商企管 10.□科幻推理
11.□史哲類 12.□勵志傳記 13.□電影小說 14.□語言學習（ 語）
15.□幽默諧趣 16.□其他__________

J.您對本書(系)的建議：__________

K.您對本出版社的建議：__________

讀者小檔案

姓名：__________ 性別：□男 □女 生日：_____年_____月_____日

年齡：□20歲以下□21～30歲□31～40歲□41～50歲□51歲以上

職業：1.□學生 2.□軍公教 3.□大眾傳播 4.□ 服務業 5.□金融業 6.□製造業
7.□資訊業 8.□自由業 9.□家管 10.□退休 11.□其他 __________

學歷：□ 國小或以下 □ 國中 □ 高中／高職 □ 大學／大專 □ 研究所以上

通訊地址 __________

電話：（H）__________（O）__________傳真：__________

行動電話：__________ E-Mail：__________

❖謝謝您購買本書，也歡迎您加入我們的會員，請上大都會網站www.metrobook.com.tw
登錄您的資料。您將不定期收到最新圖書優惠資訊和電子報。

改變，做對的事

北區郵政管理局
登記證北台字第9125號
免 貼 郵 票

大都會文化事業有限公司
讀者服務部收
110 台北市基隆路一段432號4樓之9

寄回這張服務卡（免貼郵票）
您可以：
◎不定期收到最新出版訊息
◎參加各項回饋優惠活動

大都會文化
METROPOLITAN CULTURE

大都會文化
METROPOLITAN CULTURE